Pierre Stutz

Was meinem Leben Tiefe gibt

Schritte zum Dasein

FREIBURG · BASEL · WIEN

*Für Carsten Habermann,
in herzlicher Verbundenheit*

Überarbeitete und erweiterte Neuausgabe 2011

© Verlag Herder GmbH, Freiburg im Breisgau 2002/2011
Alle Rechte vorbehalten
www.herder.de

Umschlagkonzeption und -gestaltung
Agentur R·M·E: Eschlbeck / Hanel / Gober
Umschlagmotiv: © mauritius images

Herstellung:
fgb · freiburger graphische betriebe
www.fgb.de

Gedruckt auf umweltfreundlichem,
chlorfrei gebleichtem Papier
Printed in Germany

ISBN 978-3-451-06296-4

Inhalt

Zur Einstimmung 7

I STAUNEN

Den spirituellen Weg wagen 17
Am Anfang ist der Segen 21
Staunen einüben – spirituelle Alltagsrituale 24
Mit Kindern das Staunen lernen 43
Entsetztes Staunen 49
Dem Unerwarteten Raum geben 52

II LOSLASSEN

Ein Weg des Loslassens 57
Sich einlassen und loslassen 60
Mystik des Loslassens bei Meister Eckhart 63
Loslassen angesichts des Sterbens 82
Engagierte Gelassenheit 86

III VERSÖHNEN

Zugang zu den eigenen Aggressionen finden 91
Sich mit der eigenen Geschichte versöhnen 95
Die eigenen Polaritäten annehmen 104
Sich mit anderen versöhnen 112
Die Bergpredigt – ein Weg zur Versöhnung 118

IV DA SEIN

Erlaubnisschein zum Innehalten 129
Gegenwärtig sein 133
Meine Unruhe gehen lassen 141
Spannende Entspannung 145
Mich finden lassen 153

Anmerkungen 157

Zur Einstimmung

„Die wichtigste Stunde ist immer die Gegenwart", heißt jener zeitlose Gedanke von Meister Eckhart, den ich im Frühjahr 2010 in der Predigerkirche in Erfurt wieder entdeckt habe. Seither erinnere ich mich jeden Tag an diese kraftvollen Worte. Ich entfalte sie im Kapitel „Dasein" dieses Buches, das ich für diese Neuausgabe geschrieben habe. Gegenwärtig sein im Augenblick bedeutet auf keinen Fall, dass ich mich meiner Verantwortung für mein Leben, für die Gestaltung meiner Beziehungen, für das Engagement für eine menschlichere Welt entziehe. Ganz im Gegenteil: Wer alltäglich einübt, mehr in der Gegenwart zu leben, der wird achtsamer und authentischer, mitfühlender für sich und für andere. Diese leidenschaftliche Gelassenheit entdecke ich auch im Film „Von Menschen und Göttern" (2010) des französischen Regisseurs Xavier Beauvois. Dank den großartigen Schauspielern begegne ich der Geschichte der sieben Trappistenmönche von Tibhirine / Algerien, die im Frühjahr 1996 ermordet wurden. Dem Regisseur gelingt es, mich von Anfang an in den schwerwiegenden Entscheidungsprozess hineinzunehmen: Bleiben oder fliehen? Ich begegne Menschen, die aus ihrer inneren Mitte heraus leben, ohne die Achterbahn der Gefühle zu verleugnen. Weil sie immer wieder eintauchen in die Kraft Gottes – die Kraft des Hier und Jetzt – strahlen sie Mut, Mitmenschlichkeit und religiöse Toleranz aus. Es sind die Früchte ihres interreligiösen Dialogs.

Miteinander verbunden sein bei aller Verschiedenheit: Diese Grunderfahrung prägt meine Spiritualität im Alltag, wie ich sie durch die Begegnung mit vielen ganz unterschiedlichen Menschen entfalte. Zunächst als Jugendseelsorger und seit zehn Jahren als spiritueller Begleiter kann ich Anteil nehmen an Hunderten von Lebenswegen mit all ihren Hochs und Tiefs. Menschen verschiedenen Alters, verschiedener Herkunft, verschiedener Kulturen und Religionen teilen mit mir ihre Suche nach dem Wesentlichen, nach dem Göttlichen – nach der Tiefendimension des Lebens. Aus diesen Begegnungen schöpfe ich Kraft und Hoffnung, all meine Bücher sind inspiriert und belebt durch die unterschiedlichsten Beziehungs- und Berufserfahrungen, in denen ich in der Tiefe immer mehr das Verbindende erkenne. Es ist eine Tiefe, die erfahrbar wird, wenn wir einfach sein dürfen, so wie wir wirklich sind, wenn wir keine Rollen spielen müssen, sondern selber die Regie unseres Lebensfilmes übernehmen.

Da zeigt sich im Urmenschlichsten und Ursprünglichsten der Fluss des Lebens, der Liebe, des Mitfühlens, der genährt wird von der göttlichen Quelle in allem.

Da sind Zufälle nicht mehr „nur" Zufälle, sondern Erlebnisse, die mir zufallen, mir aufzeigen, um was es wirklich geht im Leben.

Da erfahre ich oft, dass Raum und Zeit wie aufgehoben erscheinen, weil das Tragende im Leben, die echte Weisheit des Lebens, zeitlos ist.

Da suche ich immer wieder die Begegnung und den Dialog mit Menschen, die schon lange gestorben sind, weisen Frauen und Männern, Mystikerinnen und Mystikern, die mir im Mitteilen ihrer Lebenserfahrungen gegenwärtig sind und mich zum Tiefgang im Leben ermutigen.

Da erahne ich, was echte Mystik ist: unmittelbare Erfahrungen des tiefen Angerührtseins in Freud und Leid, in denen meine menschliche Begrenzung wie aufgehoben erscheint, und ich spüre, was mich verbindet mit Menschen, Tieren, Pflanzen, der Schöpfung und dem Kosmos – Gottes Lebensatem in allem.

Diese Erfahrungen kann ich überall machen: im Kino, in der Kapelle, im Wald, in der Küche, auf dem Marktplatz, am stressigen Arbeitsplatz, im Konflikt und in der Zärtlichkeit, im Arbeiten und im Genießen, im Schweigen und Joggen, in der Gartenarbeit und im Zug. Es liegt nicht in meiner Hand.
Das Göttliche in allem lässt sich nicht aufhalten; und es erneuert sich alltäglich im Aufstand für eine neue Kultur der Gerechtigkeit und der Toleranz, der Lebensfreude und der Kreativität. „Italienisch für Anfänger" ist für mich darum ein spiritueller Film, obwohl das Göttliche, das jeden Menschen bewohnt, nicht ausdrücklich benannt wird. Ich erkenne es im großen Respekt dem einzelnen Menschen gegenüber und in der Ermutigung, trotz Rückschlägen und Gefangensein in sich selber Beziehungen zu wagen. Solche tiefen Beziehungen können wachsen und reifen, wenn wir dem Staunen, Loslassen und Versöhnen mehr Raum schenken.

Vier mystische Grundhaltungen

Staunen, Loslassen und Versöhnen sind für mich die drei mystischen Grundhaltungen, die ich spontan und intuitiv nannte, als die Lektorin des Kanisius-Verlags Fribourg, Frau Barbara Evers Greder, mich 1999 anfragte, drei Kleinschriften zu schreiben. 12 Jahre danach ergänze ich sie mit einer vierten Grundhaltung: der Kunst des Daseinkönnens. In allen vier Aspekten sehe ich eine tiefere Bedeutung und einen inneren Zusammenhang. Sie erzählen vom Geschenkcharakter des Lebens, von diesem Nicht-planen-Können, das mir Halt und Tiefe in meinem Unterwegssein gibt. Das Leben in seiner Faszination und Widersprüchlichkeit lässt sich nicht in einem Vierschritt erfassen. Es besteht keine zwingende Logik, kein Stufenmodell, das mich zuerst Staunen, dann Loslassen, dann Versöhnung erfahren lässt, um mehr im Hier und Jetzt leben zu können.

Echtes Leben ist viel mehr. Die vier Kapitel sind jeweils für sich eine Einheit, und je nach Lebenssituation kann es sinnvoll sein, beim Lesen mit dem letzten Kapitel oder mit dem zweiten oder dritten Aspekt zu beginnen. Trotzdem sind für mich der Zusammenhang und die Reihenfolge nicht zufällig – ich sehe darin folgende Haltungen, die mich in der alltäglichen Vertiefung des Lebens bestärken:

STAUNEN steht am Anfang des Lebens wie am Anfang der Weisheit. Kinder müssen das Staunen nicht erlernen; sie können es einfach. Kleinkinder sind uns spirituelle Lehrmeisterinnen und Lehrmeister, weil wir durch sie erfahren, dass das Wesentliche schon da ist. Darum kann jede und jeder von uns eine Mystikerin, ein Mystiker werden. Ein Mensch, der sich jeden Tag neu berühren lässt vom Geschenkcharakter des Lebens. Weil uns in unserer hoch technisierten Welt dieses Ursprüngliche immer mehr abhanden kommt, braucht es die bewusste Entscheidung, den Weg zur Quelle zu wagen, der bekanntlich gegen den Strom der Oberflächlichkeit führt. Jeden Augenblick kann sich die Kraft zum Staunen, zur Dankbarkeit dem Leben gegenüber entfalten. Unsere Welt braucht staunende Frauen und Männer, die die Leichtigkeit des Seins kultivieren im Leben und aus dieser Lebenskraft der Ausbeutung der Menschen und der Schöpfung Widerstand leisten. Staunende Menschen werden langsamer, achtsamer und entdecken in den alltäglichen Gesten des Atmens, des Sehens, des Stehens, des Sitzens, des Liegens, des Gehens den sinn-stiftenden Grund allen Lebens.

LOSLASSEN gehört ein Leben lang zu jedem spirituellen Weg. Loslassen kann ich allerdings nur, wenn ich mich zuerst eingelassen habe auf das Leben, wie immer es sich ereignet. Jeden Tag staunen über den Lebensatem, die Wunder der Schöpfung, die erotische Kraft der Beziehungen; die Leidenschaft für zärtliche Gerechtigkeit gehört dazu – und zugleich jeden Tag all diese Erfahrungen wieder loslassen, um nicht im Habenwollen, sondern im Werdenkönnen immer tiefer ins Geheimnis des Lebens hineinzuwachsen. Loslassen ist ein lebenslanger Prozess. Es darf nicht zum Schlagwort werden, um Persönlichkeits- und Entwicklungsprozesse zu überspringen oder zu behindern. Selbst-los kann ich erst werden, wenn ich Zugänge zur Tiefe meines Selbst gefunden habe. Darum muss ich zuerst lernen, „ich" zu sagen und wissen, was ich will, sonst wird mir dies von anderen oder von unserer Konsumgesellschaft abgenommen. Erst danach ist echtes Loslassen möglich, das ich dann nie ein für alle Mal im Griff habe, sondern das jeden Tag neu eingeübt werden möchte. Da begegne ich dem großen Paradox unseres Lebens, das ich wie folgt umschreibe: Loslassen ist das größte Ziel im Leben, darum lasse dieses Ziel immer wieder los. Wir brauchen Ideale, Ziele, Perspektiven, Visionen in unserem Leben, doch sie verwirklichen sich nicht, wenn wir uns darauf versteifen, sondern wenn bei allem Planen immer wieder Handlungsspielraum bleibt.

VERSÖHNEN ist die Frucht eines spirituellen Weges. „Ja" sagen zu können zu meinen Fähigkeiten und Grenzen, meinem Charakter, meiner Familie, meiner Geschichte, zu meinem Leben gehört zum Sinn des Lebens. Eine geerdete Spiritualität verdrängt dabei nicht das Schmerzvolle, das Ungerechte, das Empörende, sondern zeigt auf, wie wir damit umgehen und daran wachsen und reifen können. Versöhnt zu sein mit seinem Leben, mit dem Leben als Ganzem, bedeutet nicht, die Fähigkeit der *compassion*, des Mitfühlens, zu verlieren, sondern eine Konfliktkultur zu entfalten, in der meine Verwundungen, meine Aggressionen, meine destruktiven Seiten eine lebensfördernde Ausdrucksform finden. Wie alle spirituellen Werte, so ist auch das Verzeihenkönnen, ist herzenstiefe Versöhnung nicht machbar. Es ist wichtig daran zu arbeiten und es zugleich geduldig geschehen zu lassen; manchmal jahrelang! Auf diesem persönlichen Versöhnungsweg, der – davon bin ich überzeugt – immer auch weltweit eine Wirkung hat, sind die Grundhaltungen des Staunens und des Loslassens eine unterstützende Hilfe. Trotz allem Leid staunen können über all das Gute, das täglich geschieht, bewirkt echte Versöhnung, die nie machbar ist, sondern oft erst durch das Lassen von sich selber und von den anderen erfahrbar wird.

DA SEIN, präsent sein in der Gegenwart, ist etwas vom Schwierigsten im Leben. Es ist ein großer Vertrauensakt. Die Fülle der Gedanken, Gefühle, Bilder und Informationen will mir die Wirklichkeit des Lebens reduzieren auf das Tun. Kostbar sind jene Momente, in denen ich einfach da sein darf; jene Momente, in denen Raum und Zeit wie aufgehoben erscheinen, jene Momente, in denen ich „ohne Warum" sein kann. Sie strahlen eine nachhaltige Kraft aus, die große Kreise ziehen kann und Kreativität und Engagement fördert. Da sein können heißt, den Rhythmus des Lebens zu akzeptieren, der sich in der Spannung von Zupacken und Geschehenlassen ereignet. Wer wagt, sich der Stille, der Leere anzuvertrauen, der wird nicht nur beglückende Erfahrungen des

Aufgehobenseins erleben, sondern auch seinen dunklen Seiten, seiner inneren Unruhe begegnen. Darum braucht es das alltägliche Einüben einer wohlwollenden Achtsamkeit, das einen gesunden Arbeits- und Lebensrhythmus fördert. Gegenwärtig sein im Augenblick gelingt jenen Menschen, die in guter Spannung entspannt sein können. Menschen, die die verbindende Lebensweisheit aller Religionen hineinweben in ihren Alltag: die Lebenskunst des Innehaltens, des Schweigens, des Ausruhens, des Verweilens im Augen-Blick. Ihr schweigendes Dasein trägt auch zu Frieden in Gerechtigkeit bei.

Rückgrat bilden

Was meinem Leben Tiefe gibt: „Auf der Seite der Verlierer sein im Weltprozess" gehört dazu. Dieser Gedanke von Walter Benjamin begleitet mich seit Langem. Ich entdecke darin die jesuanische Praxis, Partei zu ergreifen für die Kleinen, Entmutigten, Bedrängten, Sprachlosen, Verletzten, Enttäuschten, Heimatlosen, Entrechteten.

Wäre mir vor zehn Jahren diese Frage gestellt worden, so hätte ich „nur" von dieser Parteinahme gesprochen. Denn ich sah meine Lebensaufgabe im Dasein für andere, im Horchen auf das, was andere brauchen, im Zeithaben für andere. Dies bleibt mir weiterhin wichtig, denn die Verwurzelung in Christus kommt niemals um die unbequeme Parteinahme herum. Darin liegt der tiefere Sinn des Lebens. Diese politische Dimension möchte ich noch entschiedener und unabhängiger angehen, auch unabhängig vom Applaus. Erweitert hat sich aber mein Sinn des Daseins durch die Entdeckung und Verinnerlichung der zweiten Hälfte des Liebesappelles Jesu: „Liebe deinen Nächsten wie dich selbst."

Heute erahne ich die Tiefe meines Lebens auch im Annehmen meiner selbst. Nicht als Egotrip – Annahme kann nur in Kommunikation und Solidarität geschehen. Es ist Selbstannahme, um dadurch selbst-loser werden zu können. Ein mühsam-befreiender Prozess: vorerst in mir wahrzunehmen, was verloren, verletzt, unterdrückt, sprachlos, entmutigt ist und es heilen zu lassen. Und aus dieser leidenschaftlichen Erfahrung mit Menschen unterwegs zu sein, die nicht einmal Worte und Gesten finden für ihre Befindlichkeit.

Ich bin auf der Welt, um trans-parent zu werden für das Göttliche, weil ich spüre, dass Gott Menschen will, die es wagen, einen inneren Weg der Selbstfindung zu gehen, um sich dadurch mit Rückgrat für eine gerechtere und zärtlichere Welt ein- und auszusetzen.

Das Göttliche durchscheinen zu lassen, indem ich die Lebenskraft und -lust in mir fließen lasse und zugleich meine Schattenseiten annehme, um sie verwandeln zu lassen.

Ob ich dazu auf der Welt bin und dadurch Tiefe erfahre?

Wichtiger als jeder Antwortversuch ist für mich das Wachhalten dieser Frage. Vertrauend, dass ich durch mein Dasein und mein Wirken immer wieder neu in die Antwort hineinwachsen werde.

Lausanne, 7. Februar 2011 *Pierre Stutz*

I | STAUNEN

Den spirituellen Weg wagen

„Heilig werden heißt, ich selber werden", schreibt der Dichter und Mönch Thomas Merton. Wenn ich andere Menschen ermutige, sich bewusst für einen spirituellen Weg zu entscheiden, dann tue ich es in dieser Grundhaltung. Denn Spiritualität spielt sich für mich nicht nur im Geist, im Kopf ab, sondern betrifft den ganzen Menschen, der Leib-Seele-Geist ist.

Ein spiritueller Mensch ist für mich ein Mensch, der alltäglich einübt wahrzunehmen, was ist. Wahrnehmen: was mich bewegt, was mich ärgert, was mir zutiefst guttut, was mich behindert, was mich beflügelt, was mich blockiert. Diese Wahrnehmung ist eine Grundhaltung, die mich auf die göttliche Spur in meinem Leben führt. In allem, was sich mir im Moment, im Hier und Jetzt an Gedanken und Gefühlen zeigt, liegt meine Möglichkeit zum Wachsen und Reifen.

In diesem Mensch- und Selbstwerdungsprozess übe ich ein, mich anzunehmen mit meinen vielfältigen Gaben genauso wie mit meinen Grenzen. Meine Aufmerksamkeit gilt also nicht der Frage, wie ich sein sollte, was ich alles noch tun müsste, sondern der Achtsamkeit, das anzunehmen, was ist. Denn was geschehen ist, kann ich nicht mehr ändern, und was sein wird, liegt nicht in meiner Hand. Ich lasse los, was ich nicht festhalten kann, und erlebe, dass ich gehalten werde. Die Gegenwart ist der Ort, der Augenblick der Moment, an dem ich den tragenden Grund meines Lebens erfahren kann – Gott. Dies hat für mich viel mit dem Staunen zu tun. Ein spiritueller Mensch, ein Mensch, der aufmerksam wahrnimmt, was in ihm und um ihn herum ist, staunt jeden Tag über das, was ihm geschenkt ist und freut sich daran. Doch nicht immer steht Dankbarkeit an erster Stelle: Staunen ist nicht naiv, sondern eine bewusste Haltung. Im Staunen kann auch das Entsetzen liegen über all das, was zerstört wird an Menschlichkeit, an Würde, an ökologischer Achtsamkeit. Denn Spiritualität entfernt mich nicht von der Realität, sondern ermöglicht mir, sie in dem Bewusstsein größerer Zusammenhänge wahrzunehmen und verwandeln zu lassen. Dies gelingt, wenn ich mein ganz persönliches Leben in einem größeren Ganzen eingebettet weiß.

In dem Film „Nomaden der Lüfte – Das Geheimnis der Zugvögel" von Jacques Perrin und seinem Team wird mir solches Eingebundensein in ein größeres Ganzes in atemberaubenden Bildern gezeigt. Die Zugvögel nehmen mich mit auf eine große Reise des Staunens. Dem Lauf der Jahreszeiten folgend, zeigt dieser eindrückliche Dokumentarfilm Zugvögel auf ihrer Reise von einem Breitengrad zum nächsten. Auf ihren Wegen müssen sie eine Vielzahl von Gefahren überwinden, die jeden Flug zum letzten machen können: das wechselhafte Wetter, die endlosen Weiten des Ozeans, riesige Bergmassive, glühende Wüsten und Raubtiere aller Art. Hier bin ich mitten in einer geerdeten Spiritualität, weil ich die Schöpfungsbilder genießen kann und zugleich erinnert werde, wie sich das Leben im großen Spannungsbogen von Werden und Sterben vollzieht. Im Rhythmus der Jahreszeiten und in der Reise der Zugvögel kann ich auch meinen inneren Weg entdecken.

Das Abenteuer beginnt im Film zu Frühlingsanfang in unseren Breiten der gemäßigten Klimazone, wenn sich viele der gefiederten Wanderer in den hohen Norden aufmachen, wo sie riesige und unberührte Landstriche finden, wie etwa die arktische Tundra, die sie zum Nisten bevorzugen. Andere zieht es in tropische Gebiete und bis ins ferne Australien, während wieder andere den Weg über den Äquator bis in die Antarktis finden. Das Beispiel der Zugvögel hat mich schon 1977 in den Worten des nicaraguanischen Dichterpriesters Ernesto Cardenal beeindruckt: „Obwohl wir Gott nie gesehen haben, sind wir Zugvögel, die an einem fremden Ort geboren, doch eine geheimnisvolle Unruhe empfinden, wenn der Winter naht, einen Ruf des Blutes, eine Sehnsucht nach der frühlingshaften Heimat, die sie nie gesehen und zu der sie aufbrechen, ohne zu wissen, wohin."[1] Im Staunen erhält meine Sehnsucht eine Ausdrucksform, die ich in einer mystischen Achtsamkeit entfalten kann. Denn mein Verständnis von Spiritualität ist stark geprägt von vielen christlichen Mystikerinnen und Mystikern. In ihrer Einladung zum Rückzug wenden sie sich gerade nicht ab von den brennenden Fragen der Zeit, sondern sie ermutigen dazu, das Heilige in sich zu entdecken als lebendige Quelle, um daraus Kraft zu schöpfen für ein verantwortungsvolles Miteinander. Das Wort „Mystik" leitet sich vom griechischen *myein* ab, was „die Augen schließen" bedeutet. Wer zu viel sieht, ist abgelenkt, kann das Einzelne nicht mehr wahrnehmen. Die Impulse dieses Buches wollen eine Ermutigung sein, mitten im Alltag für einen Moment die Augen zu schließen, sich einzulassen auf die Verheißung, dass das Wesentliche schon da ist. Um danach, beim Öffnen der Augen, staunen zu können über all das Wunderbare, das sich mir auch im Alltag zeigt. Mystische Menschen suchen die Antwort auf den Sinn des Lebens nicht außerhalb ihrer selbst, sondern in ihrem Innern, um dadurch zutiefst zu spüren, dass sie eingebunden sind in die Schöpfung und den ganzen Kosmos. Ich verstehe dies auch als einen höchst politischen Akt des Widerstandes. Im Schließen der Augen den Geschenkcharakter des Lebens zu erahnen, führt mich zu gerechtigkeitsstiftendem Mitgefühl. Indem ich das Staunen einübe, folge ich der Spur, die meine Liebe zu allen Geschöpfen vertieft.

Staunen lernen
als mystische Grundhaltung
der Kraft des Augen-blicks trauen

Mich sammeln
mit ganzer Kraft
mit ganzem Sein
mit ganzem Verstand
mit ganzem Herzen

Innehalten
wahrnehmen was ist
wunderbare Kreativität entdecken
die in uns angelegt ist
und noch mehr entfaltet werden möchte

Im aktiven Nichtstun
wachsen lassen
was in mir Frucht bringen will
einfach staunen

Wie im Loslassen
Einlass in die tiefe Verbundenheit
mit allem erfahrbar wird

Am Anfang ist der Segen

In der Geschichte der christlichen Spiritualität lassen sich, vereinfacht ausgedrückt, zwei Spuren entdecken:

Da ist die Spur des sogenannten Sündenfalls, die von der Bosheit des Menschen ausgeht und das spirituelle Leben vor allem als Reinigungsweg versteht.

Und da ist die Spur des Staunens über den Ursegen Gottes. Denn bevor wir Menschen etwas Gutes oder Schlechtes tun, kommt Gott uns durch die Schöpfung mit seinem Segen zuvor; am Anfang ist der Segen.

So entfaltet Dorothee Sölle in ihrem zentralen Werk „Mystik und Widerstand" das Staunen als erste mystische Grundhaltung. Sie hat sich dabei auch zu Recht inspirieren lassen von der Schöpfungsspiritualität, die der amerikanische Theologe Matthew Fox aufgrund der ganzen mystischen Tradition freigelegt hat. Und ich sehe es so: Mystik im Alltag fängt für mich beim dankbaren Staunen an, dass „alles gut ist", wie dies im Schöpfungsbericht der Bibel (Genesis 1,10) grundlegend und kraftvoll zum Ausdruck gebracht wird.

Bei Hildegard von Bingen (1098–1179) findet meine Seele, mein Leib, mein Geist befreiende Worte, die zum Staunen, zum Aufatmen bewegen, weil sie das Göttliche in der Schöpfung und im Kosmos erkennt:

*„Durch dich
ziehen die Wolken, fliegen die Lüfte
haben die Steine ihren Saft,
treiben die Quellen das Wasser hervor,
durch dich fördert die Erde die Grünkraft zutage.*

*Du bringst auch immer wieder die Menschen zur Einsicht,
beglückst sie durch den Anhauch der Weisheit.*

*Deshalb sei dir Lob gesagt, du bist ja der Lobklang,
du Freude des Lebens, du Hoffnung und mächtige Ehre,
du Schenker des Lichts."*[2]

Diese Lebensweisheit, dieser Zuspruch des Seindürfens möchte in meinem Leben kultiviert werden. Mitten im – anstrengenden, scheinbar immer gleichen, kräftezehrenden – Alltag bin ich aufgerufen, mich zu erinnern, dass ich vor aller Leistung angenommen und anerkannt bin. Dabei werden meine Schattenseiten nicht verleugnet und verdrängt, sondern ich kann sie im Licht solchen Urvertrauens sehen und verwandeln lassen. Rituale können mir dabei helfen, diese lebensbejahende Verheißung zu vergegenwärtigen; denn das Wesentliche im Leben ist ein Geschenk. Ich kann es mir nicht „erleisten". Einfache Übungen helfen uns, dem Strom der Gleichgültigkeit und der Oberflächlichkeit entgegenzuschwimmen, wir brauchen sie, um das Sprudeln der göttlichen Quelle in uns wahrzunehmen. Die einfachen spirituellen Alltagsgrundhaltungen, die ich auf den folgenden Seiten entfalten werde, sind bestimmt von der Hoffnung, nicht länger „gelebt zu werden" in der Hektik des Alltags, um vermehrt aus der eigenen Mitte, aus Gott heraus das Leben gestalten zu können.

Zärtlicher Segen
möge dich erfüllen am heutigen Tag
im stündlichen Innehalten
damit dir die Erinnerung geschenkt sei
anerkannt zu sein
in all deinen Entfaltungsfähigkeiten
und inmitten deiner Widersprüchlichkeiten

Wohlwollender Segen
lasse dich die tiefe Verbundenheit spüren
mit allem was lebt
damit dein Atem
dich zu ökologischer Achtsamkeit bewegt

Erfrischender Segen
möge dich zum Staunen begeistern
über all die Wunder
die dir in Begegnungen mit
Menschen und Schöpfung entgegenkommen

Staunen einüben – spirituelle Alltagsrituale

Mystikerinnen und Mystiker ermutigen uns, den Weg zur inneren Quelle, zum Seelengrund zu wagen. Dabei geht es um einen Übungsweg, der genährt ist von der Grundhaltung, dass die Erfahrung des Berührt- und Getragenseins nicht machbar ist, sondern dass sie mir unerwartet geschenkt wird. Es braucht meine Offenheit, meine Bereitschaft, mein Leben aus der Tiefe heraus zu gestalten, doch das Wachstum liegt nicht in meinen Händen. Diese Spannung, die es nicht aufzuheben gilt, umschreibe ich mit folgenden Worten: „Es kommt auf mich an und hängt letztlich nicht von mir ab."

Einfache und gerade deshalb zentrale Haltungen sind es, die mich öffnen können für das, was jenseits des Alltags ist. Das bewusste Sehen, Aufstehen, Sitzen, Gehen, Liegen kann mir helfen, in meinen alltäglichen Gesten die Tiefendimension des Lebens und des Glaubens zu entdecken. Die Erfahrung zeigt, dass dies ein langer Übungsweg ist, wenn meine Erkenntnis nicht nur im Kopf bleiben, sondern mich bis in die Zehenspitzen berühren soll. Wenn nicht nur mein Herz, sondern auch meine Hände bewegt werden sollen. Das ist es, was meinem Leben Tiefe gibt: nicht von allem immer wieder Neues; sondern Erkanntes umsetzen und sich verwandeln lassen. Und bei allem Üben ist es wichtig, auch das Loslassen einzuüben. Dies ist widersprüchlich – und dabei nur in dieser Widersprüchlichkeit überhaupt möglich. Das heißt: dranbleiben an den zentralen Fragen des Lebens und sie zugleich immer wieder lassen – loslassen, ruhen lassen; um die spirituelle Haltung des Loslassens wird es im zweiten Kapitel gehen. Denn nur wenn ich mich, die anderen und sogar Gott immer wieder lasse, kann ich all-täglich berührt werden vom Geheimnis des Lebens, das mich zum staunenden Menschen werden lässt.

Sehen

Hildegard von Bingen, die große Mystikerin des 12. Jahrhunderts, hat mein Sehen wesentlich bereichert. Ihre Worte „Gott atmet in allem, was lebt" haben meine Augen geöffnet für die alltäglichen Wunder, die sich vor allem in der Schöpfung ereignen. Ich nehme Zusammenhänge wahr, die ich früher übersehen habe. Als religiöser Mensch suche ich die Rückverbindung zu meinem Sein und Tun. Der lateinische Ursprung des Wortes religiös bringt das zum Ausdruck: *re-ligere* bedeutet „Rückverbindung suchen". Um diese Verbindung zu erkennen, brauche ich wache Augen.

In unserer komplexen Welt kommt uns oft das Urmenschlichste abhanden. Oft ist es das Chaotische, das Zerrissene *(dia-bolische)*, das unser Lebensgefühl der Verlorenheit und der Heimatlosigkeit prägt. Obwohl wir noch nie so viele Kommunikationsmöglichkeiten hatten (oder gerade deswegen?), sind wir blind geworden für die einfachsten Zusammenhänge. Mein Sehen wird dann zum dankbaren Staunen, wenn ich mir bewusst werde, wie der göttliche Lebensatem mich mit allem, mit der Schöpfung und dem Kosmos verbindet. Die Bilder in der Natur werden mir zum Symbol (*symballein* = zusammentreffen/bewegen, was entfernt war). Zum Beispiel lassen sich dort viele Kreisbilder, Mandalas entdecken – nicht nur in den Blüten von Blumen. Bruno Dörig etwa beschreibt eindrücklich seine Haushaltsarbeit: „Ich halte einen frischen, kräftigen Kopfsalat in meinen Händen und beginne, ihn fürs Mittagessen zu rüsten. Ich wasche ihn, nehme die Blätter sorgfältig auseinander und freue mich wieder einmal an der schönen Form, die ein Kopfsalat bildet. Die grünen Blätter werden nach innen immer heller – bis hin zu einem zarten Gelbgrün – und kleiner, sie kringeln sich ineinander und bilden in der Mitte das Salatherz."[3] Solche Kreisbilder in der Natur lassen mich meine Sehnsucht nach Ganzheit spüren. Denn ich bin nie Einzelne oder Einzelner, sondern immer Teil eines Ganzen.

Das bewusste Ein- und Ausatmen eröffnet mir unendliche Lebensräume. Wenn ich mich freue an einer Blume, an einem Stein, einem Baum, einem Käfer, einem Stern, einem Acker, einem Grashalm und dadurch vermehrt in Einklang mit mir selber bin, gestalte ich aktiv mit am Versöhnungsprozess auf der ganzen Welt.

=====

Spaziergang der Langsamkeit
Staunen lerne ich, wenn ich langsamer werde – was für eine Anstrengung! Es soll mich nicht überraschen, dass das Wahrnehmen des Augenblicks für uns Menschen ganz schwierig geworden ist. Beim Staunen – vielmehr: bei der Schwierigkeit, wirklich staunen zu können –, begegne ich einem ganzen gesellschaftlichen Lebenskonzept, das sich durch Höchstleistung und Schnelligkeit definiert. Es ist wichtig, diese politischen Zusammenhänge zu sehen, um mich einerseits zu entlasten und andererseits mit Entschiedenheit die Langsamkeit in meinem Leben zu entfalten, Schritt für Schritt.

Staunen lerne ich, wenn ich heute nicht weiterkommen muss, sondern immer wieder innehalte und verweile.

Staunen lerne ich, wenn mein Spaziergang heute kein Ziel hat, sondern der Weg, das achtsame Gehen das Ziel ist.

Staunen lerne ich, wenn ich mich nicht mit einem ersten Blick begnüge, sondern einübe, hinter die Wirklichkeit zu schauen. In diesem Frühling stehe ich zum Beispiel mehrmals die Woche eine halbe bis eine Stunde bei unserem Rapsacker. Ich komme sehr weit im Stehenbleiben. Am selben Ort sehe ich immer mehr, höre ich immer mehr, rieche ich immer mehr; eine wahre Wohltat für meine Seele! Das Wesentliche ist schon da. Es wird erfahrbar, wenn ich durch die Langsamkeit die vielen unscheinbar-großen Wunder der Schöpfung genieße.

Staunen lerne ich, wenn ich auf meinen Atem achte, auf mein ganzes Leibsein. Staunen bis in die Zehenspitzen braucht viel Aufmerksamkeit und Zeit.

Die Natur, die Schöpfung vor allem ist der Ort des Staunens. Ich staune über ihre wunderbare Schönheit; aber da ist auch das Staunen, das mich zum Entsetzen führen kann über all die lieblose Ausbeutung unserer Lebensgrundlage. Indem ich stündlich innehalte, um mir zu vergegenwärtigen, wie mein Atem mich mit allem, auch mit Gott verbindet, verstärkt sich bei mir ökologische Achtsamkeit, zum Beispiel das vermehrte Benutzen von öffentlichen Verkehrsmitteln, bewusstes Einkaufen und das Kompostieren der Lebensmittelreste.

Staunendes Sehen einüben heißt darüber hinaus auch, jedem Menschen Verwandlung zuzugestehen, indem ich versuche, ihn oder sie mit den liebevollen Augen eines Schöpfers für sein Geschöpf anzuschauen, weil er oder sie weit mehr ist, als ich mit meinen Augen wahrnehmen kann. „Ist es nicht eine Anmaßung zu glauben, dass ich die anderen und auch mich selber mit den Augen Gottes sehen kann?", fragte mich kürzlich jemand. Ich meine nicht: Denn wir können uns täglich die Augen für diese weitere Sicht der Wirklichkeit öffnen lassen, um das, was von Gott in den Menschen ist, wahrzunehmen. Um die wohltuenden und unbequemen Seiten des Lebens zu sehen und sie zugleich im Licht der Ewigkeit wahrzunehmen. Ein sehender Mensch wird auch trans-parent für die Verheißung, dass Gott durch ihn durch-scheinen kann. Natürlich bleibt dabei mein Blick begrenzt, weil ich nicht Gott bin. Doch mich und jeden Menschen als sein Abbild zu sehen, gehört zu den großen Herausforderungen unseres Lebens. Eine solche würdigende Wahrnehmung meiner selbst und der anderen führt dann auch zu einer wohlwollenden Konfliktfähigkeit, bei der ich lerne auszudrücken, was mich stört und mich verletzt und bei der ich mir bewusst bin, dass ich in meinem Ärger nur einen Teil dieses Menschen sehen kann und er oder sie immer noch ganz andere Seiten hat.

In allem den Lebensatem Gottes zu spüren, eröffnet mir jeden Tag die große Zukunftsperspektive des Lebendigseins. Im aktiven Sehen dessen, was ist, nehme ich mich, die anderen, die Schöpfung und in alledem Gott ernst. Mein Staunen über die vielen unscheinbaren Kostbarkeiten, die mir das Leben jeden Tag neu schenkt, wird wachsen. Im staunenden Verweilen in der Schöpfung kann ich mich verwurzeln im Urvertrauen. Göttliche Gegenwart in allem zu erahnen, lässt mich vertrauensvoll in die Zukunft gehen. Dabei ist dieses Vertrauen in die Zukunft geprägt von der Hoffnung, dass dadurch immer mehr Menschen aktiv Widerstand leisten gegen alles, was unsere Lebensqualität bedroht. Um an dem Verletzenden, Zerstörerischen, Boshaften und Unachtsamen nicht zu zerbrechen und deswegen nicht zu verbittern, hilft das alltägliche Staunen über die kleinen Wunder, die mich zur Verwunderung führen.

Wieder sehen können

Als Jesus den blinden Bartimäus fragt: „Was soll ich dir tun?", antwortet er ihm ohne Zögern: „Ich möchte wieder sehen können" (Markusevangelium 10,46–52). Diese Bitte hat eine große Aktualität. Denn das wirkliche Sehen kommt uns in der Fülle von Bildern immer mehr abhanden. Beim Besuch eines Museums wird mir diese mangelnde Lebensqualität des Sehens erneut bewusst. In München schaue ich mir die kraftvollen Seerosen von Claude Monet an. Obwohl ich sie doch schon in Paris gesehen habe, faszinieren sie mich wieder neu beim minutenlangen Stillestehen vor dem eindrücklichen Gemälde. Ab und zu schließe ich die Augen, um klarer zu sehen. Beim Öffnen der Augen entdecke ich jedes Mal neue Bilder in diesem einmaligen Bild.

Es ist wie beim Fotografieren: Ein Bild entsteht erst, wenn die Blende sich öffnet und dann wieder schließt. Meine Sehschule des Staunens wird gefördert, wenn ich nach dem ersten Eindruck einen Moment die Augen schließe:

Um das Gesehene nachwirken zu lassen, damit es nicht nur an der Oberfläche bleibt, sondern auch den Weg zur Tiefe meines Seins findet.

Und um beim Öffnen der Augen das von mir scheinbar schon Gesehene noch aufmerksamer wahrzunehmen.

Beim Angerührt- und Berührtsein eines Bildes, einer Pflanze, einer Landschaft, eines Lächelns, des Sternenhimmels wiederhole ich mehrmals diese Übung. Ich schaue an, ich schließe die Augen und atme tief ein und aus und ich öffne sie, um das Vertraute wieder anzuschauen.

Sehen
mit offenen Augen
staunen wie du
lebendig bist in Schöpfung und Kosmos

Sehen
mit geschlossenen Augen
wie du mich bewohnst und bewegst
staunen wie du in mir atmest
und meine ökologische Achtsamkeit
wachhältst

Sehen
mit offenen Augen
mich begeistern lassen
von all den vielen Wundern
die du uns alltäglich zufließen lässt

Sehen
mit geschlossenen Augen
dich als tiefsten Seelengrund erfahren
um mich mit meinen Gaben und Grenzen
annehmen zu können

Sehen
mit offenen Augen
die brennenden Fragen unserer Zeit wahrnehmen
Wut und Entsetzen spüren
um mit dir den Traum einer gerechteren Welt
umzusetzen im solidarischen Miteinander

Stehen

Wenn Menschen mich nach meinem Lieblingsritual fragen, dann kann ich ohne Zögern auf das Dastehen verweisen. Im täglichen Aufstehen entdecke ich das Zentrum meines christlichen Glaubens. Denn mein Aufstehen sehe ich in Verbindung mit der Auferstehung; einer Auferstehung, die sich nicht nur vor 2000 Jahren ereignet hat, sondern jeden Tag neu in jedem Menschen, in der Schöpfung, im Kosmos geschieht. Christus steht in mir auf, um mich zu ermutigen, zu mir zu stehen, geradezustehen für mein Leben mit allem, was es ausmacht. In der Stärkung meines Rückgrates liegt auch der Auftrag, aufzustehen für die Rechte aller Menschen.

Jeden Morgen stelle ich mich als ersten Akt in die Mitte des Zimmers. Mein Dastehen ist auch heute gefragt, doch ich darf mich zuerst erinnern, dass Gott vor aller Leistung zu mir steht, weil mein Wert aus meinem Dasein entspringt. Diesen Auferstehungsweg kann ich jedes Mal den Tag hindurch vergegenwärtigen, wenn ich stehen muss. Wenn meine Tagesplanung durchkreuzt wird und nicht alles so läuft, wie ich es mir vorgestellt habe, und ich versuche, daraus das Beste zu machen, dann erneuert sich der Kreuz- und Auferstehungsweg in mir. Ich verstehe dies auch als höchst politischen Akt, denn ich verbinde mich dadurch mit allen unterdrückten, gekrümmten Menschen, deren Rechte missachtet und zerstört werden. Beim Warten auf den Bus, in der Einkaufsschlange, im bewussten Innehalten beim Spaziergang werde ich hineingeholt in das große Staunen. Im Stehen erfahre ich, dass mich der Grund unter mir trägt. Ich muss also nicht alles in meinem Kopf und auf meinen Schultern tragen, sondern ich kann abgeben und staunen, wie meine Alltagslast kleiner wird, weil ich den Boden unter meinen

Füßen wirklich nutze als tragenden Grund. Meine Erfahrung gewinnt Beständigkeit und Tiefe.

Auftreten vor anderen Menschen, meine Meinung einbringen, meinen Lebensauftrag entdecken, fängt für mich beim Stehen an. Dabei darf ich staunend vertrauen, wie mir die richtigen Worte gegeben werden, wenn ich meiner Intuition traue und mich im bewussten Ein- und Ausatmen zentriere auf das Wesentliche: Es ist Christus in mir, der mich aufrichtet und heilend in mir wirkt zu meinem eigenen Guten und dem der anderen.

Ich kann solche heilende Verbundenheit auch im Massieren meiner Füße entdecken und dadurch meinen Glauben an die Auferstehung bis in die Zehenspitzen wahrnehmen. Durch die Fußreflexzonenmassage wird mir bewusst, wie nah beieinander Herz und Füße sind. Mich meinen Füßen liebevoll zuwenden, heißt staunen lernen über meinen gesamten Organismus, den ich in den Reflexzonen der Füße widergespiegelt spüre.

Spiritualität im Alltag beginnt mit meinem Fußweg. Ich stehe, finde meinen Standpunkt und mache mich auf den Weg – im Vertrauen darauf, dass meine Schritte auf den Weg des Friedens gelenkt werden.

Dastehen
mit beiden Füßen auf dem Boden
dich als Grund erfahren
der trägt

Tief ein- und ausatmen
Zu-mir-stehen
zu meinen Gaben und Grenzen
weil du mich annimmst
vor aller Leistung

Tief ein- und ausatmen
geradestehen für mein Leben
um auch einstehen zu können
für das Leben von anderen
weil du jeden Tag neu in mir auferstehst

Aufrecht dastehen
Stamm entfalten lassen
innerlich erstarken
mich verwurzeln
um mich weit in die Äste hinauszuwagen

Inneren Zusammenhalt fördern
um vielfältig da sein zu können
nicht einseitig werden
sondern verschiedene Verzweigungen wachsen
    lassen

Lebenslust fördern
genießen wie verschiedene Gaben
sich in mir auf allen Seiten entfalten

Mich nicht verlieren
Zu-mir-Stehen
zu Entfaltungsmöglichkeiten und Grenzen
jeden Tag neu

Gehen

Wenn ein Kind seine ersten Schritte wagt, staunen wir – über die Unbeholfenheit, den Willen, es immer wieder zu probieren, und über die zunehmende Selbstständigkeit. Wir halten diese ersten Schritte mit der Kamera fest und gewöhnen uns dann sehr schnell daran. Dabei bleibt auch weiterhin jeder Schritt in unserem Leben, den wir tun können, ein Geschenk. Und Schritte der Hoffnung und der Versöhnung zu wagen, bleibt ein staunenswertes Ereignis. Jeden Tag kann ich mir vergegenwärtigen, wie ich von Gottes Geist, von Schwester Geist bewegt werde, Schritte der Zuversicht zu wagen. Bevor ich gehe, bevor ich mich aufmache, erinnere ich mich an die Worte des Propheten Ezechiel aus der Bibel: „Stelle dich auf deine Füße, dass ich mit dir rede. Da kam Geist in mich, als er mit mir geredet hatte, und er stellte mich auf meine Füße und ich hörte ihn mit mir reden" (Ezechiel 2, 1–2). Wir brauchen nicht gekrümmte, angepasste, unmündige Menschen – Menschen, die sich aufrecht auf den Weg machen, sind wichtig. Ich darf dabei vertrauen, dass Gottes Geist des Lebens in mir atmet, mich aufrichtet und mich auf die Füße stellt, damit ich den Anforderungen des Lebens gewachsen bin.

Schritte der Achtsamkeit kann ich überall auf der Welt gehen. Es gibt keinen Ort, wo es mir unmöglich gemacht würde, einige Schritte langsamer, bewusster zu gehen. Im Berufsalltag können mir die Momente des Gehens von einem Büro zum anderen zu Augenblicken des Innehaltens werden, in denen meine Arbeit, mein Tun eingebunden wird in den großen Vertrauensweg, den wir Menschen miteinander und zueinander gehen können. Wenn ich Treppen steige, anstatt den Lift zu benutzen, sind mir jene erholsamen Schritte des Aufatmens geschenkt, in denen ich mich selbst und mein Tun zwischen Erde und Himmel verwurzeln kann.

Vielleicht wird uns auch eine Himmelsleiter zum Alltag zum inneren Bild – von Jakob wird im ersten Buch der Bibel erzählt, dass er einen Traum hatte: „Siehe, eine Leiter war auf die Erde gestellt, deren Spitze den Himmel berührte. Und siehe, Engel Gottes stiegen daran auf und nieder" (Genesis 28,12). Viele Mystiker und Mystikerinnen haben sich auf dieses Bild berufen, um dem Leben Tiefgang zu ermöglichen. Ich kann täglich Staunen einüben, wenn ich mir jedes Mal beim Gehen vorstelle, dass ich durch meine Arbeit die Spitze des Himmels berühre. Aus diesem Vertrauen möge dann auch der Einsatz wachsen für menschenwürdigere Arbeitsplätze und für das Recht auf Arbeit für alle.

Nicht gedankenlos oder gedankenversunken, sondern bewusst von einem Raum zum anderen zu gehen, vor dem Öffnen der Tür einen Moment innezuhalten und die Türklinke als Einladung zu sehen, mich auf das Wesentliche zu konzentrieren: Das schafft eine Verbindung zum Himmel. Die Füße spüren auf dem Boden, tief ein- und ausatmen und mir vergegenwärtigen, dass mein Atem mich begleitet vom Anfang bis zum Ende meines Lebens und meine Füße mein Gewicht tragen: So bin ich beim Gehen ganz bei mir, so wird mein Gehen zum staunenden Akt der Menschwerdung.

Nicht hastig gehen und dabei stolpern, sondern Schritt für Schritt zu machen, um mir und jedem Menschen mit viel Wohlwollen und Geduld zu begegnen, fördert in mir die Einsicht, dass niemand von uns sich von einem Tag zum anderen ändern kann. Wir brauchen die Perspektive, dass der Weg das Ziel ist, ohne dabei unsere Ideale zu verleugnen. Ganz im Gegenteil: So wächst eine geerdete Spiritualität, die den kleinen Schritten traut, weil in ihnen das Staunen über die großen Friedenswege steckt, die sich allen sinnlosen Kriegen zum Trotz auftun, wenn Menschen ihren Glauben mit Hand, Fuß und Herz konkretisieren.

Schritt für Schritt
dir entgegengehen
weil du mir immer schon
entgegengekommen bist
um in dir das Verbindende zu spüren

Tief ein- und ausatmen
Schritte der Achtsamkeit wagen
weil du mich bestärkst
an das Gute im Menschen zu glauben

Tief ein- und ausatmen
meinen Lebensweg in Verbindung sehen
mit all den Menschen guten Willens
die Friedensschritte wagen
aus deiner Mitte heraus

Sitzen

Meine Seele braucht Entfaltungsräume, in denen ich all die vielen Erlebnisse, die mich beleben oder behindern, wahrnehmen und vertiefen kann. Da hilft es, aufrecht dazusitzen, um alles, was ich erlebt habe, setzen zu lassen. Dasitzen, beide Füße auf den Boden stellen und dabei staunend darauf vertrauen, dass das Wesentliche schon da ist. Niemand braucht es mir beizubringen. Doch es liegt an mir, es freizulegen, die göttliche Quelle mehr fließen zu lassen.

Wenn ich besonders gefordert bin im Leben, wenn ich schon frühmorgens das Gefühl habe, all die vielen Erwartungen dieses Tages nicht erfüllen zu können, dann erinnere ich mich beim Sitzen in der Meditation an ein kraftvolles Bild aus der Bibel. Im 6. Kapitel des Buches Richter wird erzählt, wie das Volk Israel bedroht ist von seinem Feind Midian. Es geht ums Überleben – und deshalb drischt Gideon in der Kelter Weizen, um ihn vor Midian in Sicherheit zu bringen. Ich sehe in Gideon die Seite in uns, die zupackt und Hand anlegt, wenn Not da ist. Diese Seite gehört zu unserem Leben und sie soll auch immer wieder zum Zuge kommen. Beeindruckend und ergänzend ist für mich allerdings das Bild, das vor Gideons Aktivität beschrieben wird. Da wird erzählt von einem Engel, der sich unter die Eiche bei Ofra setzte (Richter 6, 11). In einer höchst bedrohlichen Situation erlaubt sich ein Engel sich zu setzen. In der Panik und der Angst vor einem Angriff hat ein Engel die Gelassenheit, sich an eine Eiche zu lehnen. Wenn meine Haut dünn ist, wenn sich die Ereignisse im Leben überstürzen, wenn alles drunter und drüber geht, dann denke ich an diesen wunderbaren Engel. Er erinnert mich an den ruhenden Pol in mir. Wenn ich besonders gefordert bin, dann gilt es, mich zunächst zu stärken. Wo ist meine Eiche, mein Ort, meine Begleiterin, mein Begleiter, bei denen ich Kraft schöpfen kann, um mich einzubringen mit der Kraft, die aus meiner Mitte fließen möchte?

Wenn es mir gelingt, mich zuerst zu zentrieren, meine Kräfte, Gefühle und Gedanken zu sammeln, dann staune ich, wie ich aus guter Distanz mich hineingeben kann in einen Konflikt, ohne mich dabei zu verlieren.

Jede Stunde habe ich die Möglichkeit, mein Sitzen in Verbindung zu bringen mit diesem sitzenden Engel, der mich auf die göttliche Kraft in mir verweist. Nicht um für immer sitzen zu bleiben. Nein, um vorerst zu staunen, wie viele Möglichkeiten sich mir eröffnen; wie ich an der Eiche Kraft schöpfen kann; und staunend nehme ich wahr, wie viele Frauen und Männer sich zuerst zurückgezogen haben, um danach mit Entschiedenheit aufzustehen für das Weitererzählen von guten Nachrichten, die es im Alltag zu fördern gilt.

Beim Sitzen staune ich über meine Hände. Sie sind Ausdruck meines Handelns. Beim Sitzen meditiere ich mit offenen Augen die Vorder- und Rückseite meiner Hände. Ich staune, was jeden Tag möglich wird durch meine Hände.

Beim Sitzen und während ich bewusst ein- und ausatme, gehe ich meinem Handeln nach, um letztlich all mein Tun Gott zu übergeben. Beim staunenden Betrachten meiner Hände genieße ich dankbar, wie viel Zärtlichkeit und Entschiedenheit dank meiner Hände durch mich fließen kann.

Beim staunenden Verweilen vor meinen offenen Händen nehme ich mich an als begrenzter Mensch, dessen Handeln immer nur bruchstückhaft ist und sein darf. Beides, das Lustvolle und das, was ich mir anders gewünscht habe, lasse ich los – und werde dadurch frei für Neues.

Einfach handeln
sich von anderen nicht beirren lassen
der eigenen Intuition trauen
im Meditieren meiner Hände
jene mystische Spur konkretisieren
die im Kleinen das Ganze entdeckt

Die Hand als Symbol verstehen
um mein Leben mit den kraftvollen
verletzlichen und widersprüchlichen
Seiten vertiefen zu können

Mich erkennen in meiner Hand
meine Aufgabe im Leben anpacken
meine Aufgabe loslassen
in meinem Handeln
Gottes Handeln erahnen

Nicht mehr zögern
mich einmischen
der Fremdenfeindlichkeit Widerstand leisten
Der Ungerechtigkeit
Solidaritätsinitiativen
Entgegenhalten

Endlich einfach handeln

Mich setzen
alles Erlebte dieses Tages setzen lassen
dir anvertrauen

Tief ein- und ausatmen
Dankbarkeit spüren
über all das Gelungene
das mich nun ausruhen lässt

Tief ein- und ausatmen
innehalten
mit all den ungelösten Fragen
damit ich sie danach
mit neuer Kraft angehen kann

Einfach dasitzen
weil du in mir wohnst und wirkst
und mich im Ein- und Ausatmen
erleben lässt
wie mein Wert aus meinem Sein entspringt

Liegen

Im Zentrum der Botschaft Jesu steht der aufrechte Gang eines jeden Menschen. Diese einmalige Würde ist für mich nicht denkbar ohne den Wunsch, mich hinzulegen, loszulassen, mich hinzugeben. Wenn ich die Vorstellung aufgebe, alles selbst und am besten machen zu können, wenn ich mich löse von meinen Allmachtsfantasien, lässt die Spannung nach, ich spüre Erlösung und erfahre, dass Gott größer ist als mein Herz. Wenn ich mich hinlege, wenn ich mich ausruhe im Liegestuhl, dann darf ich es tun in der Grundhaltung, dadurch Gott ähnlich zu sein. Die Schöpfungsgeschichte erzählt, dass Gott am siebten Tag ruhte und sagte: Es ist gut so! Diese Anerkennung kann ich mir auch selber schenken, indem mein Hinlegen in der Mittagspause mir zur heilenden Handlung wird. Mein Sofa, mein Bett wird zum heiligen Ort, wo ich staunen kann, angenommen zu sein auch in meiner Bedürftigkeit.

Mich auf den Boden legen, sei es in meinem Zimmer oder, wenn das geht, in einer Kapelle, ermöglicht mir das Staunen über meine Kraft der Hingabe. Ich verstehe dabei Hingabe nicht als unmündiges Tun, sondern als selbstbewusstes Lassen meines Ichs – und es ist gar nicht so einfach, lockerzulassen, loszulassen. Doch in mir lebt die Sehnsucht, mein Tun zu übersteigen, mein Leben in einem größeren Ganzen, in Gott aufgehoben zu wissen. So verstehe ich auch mein Liegen und Ausruhen als höchst politisch: weil der Mensch mehr ist als Leistung und Arbeit. Jesus fordert uns nicht auf zur Leistung, sondern dazu, „Früchte zu bringen": Dieses Bild verweist auf den Rhythmus von Ruhe und Produktivität, von Tun und Lassen. Frucht bringen heißt auch Brachzeit, Zeit der Ruhe zu haben. Eingebunden in die Schöpfung können wir das bewusst erleben – und im Winter die Kräfte sammeln, damit im Frühling im schöpferischem Aufbruch neues Leben entstehen kann.

Das Staunen über das eigene Leben, über die Kraft, die im Ruhigwerden und den Frieden, der im Daliegen erfahrbar ist, wird intensiver, und ich vertiefe es im bewussten Spüren all der Aufliegeflächen meines Leibes.

Die spirituelle Dimension der Muße zu entdecken, führt auch zur Versöhnung zwischen Spiritualität und Sexualität. Die lustvolle Kraft, die in unserer Geschlechtlichkeit angelegt ist, kommt zur Entfaltung im erotischen Spiel der Liebenden. Erotik ist in all unseren Begegnungen. Leidenschaftlich ein Leben lang Gott in allem suchen ist ohne Erotik nicht möglich. Es überrascht darum nicht, dass mystische Menschen die Momente des Einsseins mit Gott mit vielen erotischen Bildern umschreiben.

Im Liegen liegt auch eine heilende Dimension, die sehr notwendig ist. Nicht nur Jesus hat heilende Begegnungen gewagt; er hat seine Jüngerinnen und Jünger ermächtigt, heilend unterwegs zu sein. Sich den Menschen zuwenden, die durch Krankheit liegen müssen, die vielleicht nie mehr aufstehen können, ist eine zentrale Aufgabe. Da, wo wir scheinbar nichts mehr tun können als da zu sein, da ereignet sich Gott, der sich vorgestellt und offenbart hat als der „Ich-bin-der-ich-bin-da". Als gesunder Mensch tut es gut, meine Beweglichkeit nicht für selbstverständlich zu halten, sondern darüber zu staunen. Als kranker Mensch, der viele Bewegungen sehr langsam tun muss, bin ich aufgerufen, zweifelnd und hoffend zu verinnerlichen, dass mein Leben auch ohne Leistung bis zur letzten Sekunde und über den Tod hinaus einzigartig und kostbar bleibt. Gerade in meiner Zerbrechlichkeit kann mein Leben zum Zeichen des Staunens werden.

Weil vieles, was selbstverständlich scheint, gerade nicht oder nicht mehr möglich ist und ich trotzdem staunen kann über den Lebensatem, der mir alltäglich neu geschenkt ist.

Im Liegen
meine Hingabe spüren
staunen wie du
mich berührst mit deiner Gegenwart
im Vertiefen meines Alltags

Tief ein- und ausatmen
in meine Verspannungen hineinatmen
weil dein heilender Geist
mich verbindet mit Menschen
auf der ganzen Welt

Im Liegen
verinnerlichen wie ich sein darf
damit mein Ausruhen mich erinnert
dass ich Gott ähnlich bin
weil alles gut ist

Im Liegen
das Schwierige des Tages
das mich nicht einschlafen lässt
in mein Ein- und Ausatmen nehmen
um es dir überlassen zu können

Im Liegen
staunen über meine erotische Kraft
sie als göttliche Gabe bejahen
die mich Zuwendung und Zärtlichkeit
annehmen und weiterschenken lässt

Mit Kindern das Staunen lernen

Kinder haben eine besondere Begabung zur Begeisterung und zum Staunen; „wer das Reich Gottes nicht annimmt wie ein Kind, wird nicht hineingelangen", sagt Jesus, der Liebhaber des Lebens (Markus 10, 15). Seit ich Menschen spirituell begleite, werden mir diese Worte immer vertrauter. Den Weg in die Tiefe zu wagen, sich selber mit seinen Schattenseiten anzunehmen, die Hoffnung auf Verwandlung nicht zu verlieren, das kann ich nicht mit großen Schritten herbeizaubern. Das Schlimmste, was wir uns antun können, ist mit uns selbst zu streng zu sein. Um sich allerdings nicht zu unterfordern und sich fatalistisch abzufinden mit der eigenen Situation, hilft mir die Erinnerung, Kind bleiben zu dürfen. Ich sehe darin den Zuspruch vor allen Ansprüchen, immer wieder ganz klein anfangen zu können. In jeder Lebenssituation, auch im hohen Alter, brauche ich dieses Wohlwollen, um Verwandlung an mir geschehen zu lassen. Staunen, dass auch gut eingespielte Mechanismen oder immer wiederkehrende „Fallen" mir zur Wachstumschance werden, ist nur möglich, wenn mir der Schonraum des Kindes zugestanden wird. Zum Staunen, wie sich verhärtete Beziehungen aufweichen lassen, weil einander Verwandlung zugestanden wird, gehört die Offenheit des Kindes in mir. Hier liegt einer der tiefsten Gründe, warum in meinem ganzen Leben das Staunen Raum haben soll: Bei Gott zählt nicht, was ich war, sondern nur, was ich bin. Jeden Tag kann ich neu anfangen, mich verwandeln zu lassen – nicht unter Druck, sondern in meinem Tempo.

Bei Kindern kann ich das Staunen angesichts der Schöpfung lernen. Obwohl viele Kinder in städtischen Verhältnissen oft gar nicht mehr lange in der Natur verweilen können, bleibt in ihnen die Kraft, aus der Verbindung mit der Schöpfung zu leben. Kinder verabschieden sich vom Baum, vom Bach, vom Schmetterling und bedanken sich bei ihnen – das ist ein tiefsinniger Ausdruck des Staunens. Kinder leben ganz im Augenblick, Zeit und Raum ist in ihrem Spielen aufgehoben: Ich sehe darin einen Beweis, dass der göttliche Kern in jedem Menschen angelegt ist. Eine Mystik des Staunens sich schenken lassen heißt, all die Momente im Leben auskosten, in denen die „Zeit stillsteht", in denen ich in einer Aufgabe, im Musizieren, im Sport, im kreativen Gestalten aufgehe und im Nachhinein staune, was sich daraus ergeben hat. Kinder durchbrechen unsere Tagesordnung und laden uns ein zur Langsamkeit. Die Geschichten und Beispiele, die Jesus verwendet, um von Gottes neuer Welt zu reden, erzählen vom bedingungslosen Vertrauen in das Kleine – in den Sauerteig, in das Senfkorn, das winzig und unscheinbar ist und große Wachstumskräfte und Entfaltungsmöglichkeiten hat. Da, wo sich Menschen aus diesem staunenden Vertrauen heraus mit kleinen Schritten auf den Weg machen, da entstehen große Dinge.

Kind bleiben und werden heißt nicht kindisch bleiben, sich fremdbestimmen lassen, den Autoritäten die Verantwortung und Macht überlassen. Kind bleiben und werden heißt, das Urmenschlichste, das Gehen, Sitzen, Liegen, Stehen, Sehen, Hören, Riechen, Tasten als das Kostbarste und Absolute zu sehen. Die Lebensqualität des Staunens über diese unscheinbaren Handlungen lässt uns wie Kinder erahnen, dass das Leben nicht zu haben ist, sondern im Werden geschieht. Darum verwenden so viele Mystiker und Mystikerinnen das Bild von der Geburt Gottes in der Seele des Menschen: Gott können wir nicht erreichen, weil er längst schon da ist als lebendige Quelle in uns. Und das Gebet ist nicht eine Leistung, sondern Staunen über diese allumfassende Gegenwart.

———

Spielräume des Staunens
Wenn Kinder spielen, ist es oft eine ganz ernste Sache. Sie spielen das ganze Leben, die ganze Welt. Alles, was sie spüren, gehört und gesehen haben, drücken sie im freien Spiel aus. Da kann ich das Staunen in seiner ganzen Dimension, im Lachen und Weinen vertiefen. Beim Besuch einer Familie nehme ich mir darum bewusst Zeit, um den spielenden Kindern zuzusehen. Da erhält meine Seele einen langen Atem, einen Raum der Langsamkeit, um auch eigenen Kindheitserfahrungen zu begegnen. Dies erfahre ich auch, wenn ich längere Zeit auf einem Kinderspielplatz verweile und einfach nur schaue. Vreni Merz hat im Bildband 2002/2003 der Zeitschrift „ferment" eindrückliche Worte über Spielräume gefunden – sie sind beim Zuschauen von spielenden Kindern an einem Regentag auf einer kaum befahrenen Wohnviertelstraße entstanden:

„Asphalt zur Regenzeit! Es kann ganz lustig sein. Wir können hüpfen, springen, rufen: Uns gehört diese Straße! Wir sind jene, die den Vortritt haben. Die kleinen Könige sind wir! Was ist ein Auto, das auf Rädern kriecht? Nur ein Stück Blech! Und was sind wir? Wir sind die Frauen und Männer, die das Leben morgen meistern und gestalten. Morgen? Heute haben wir damit begonnen, jetzt auf dieser Straße.

Kennt ihr unser Spiel? Wir lassen uns vom Regen nicht verdrießen. Da sind wir! Und wenn ein Auto kommt? Schön langsam darf es fahren. Und manchmal muss es warten. Wenn wir zur Seite springen, hat es Durchgangsrecht."[4]

Beim Meditieren von spielenden Kindern und natürlich auch beim Mitspielen erfahren wir, was Heinrich Böll in wenigen Worten ausdrücken kann: „Ich bin ein Clown und sammle Augen-blicke."

Staunend
Kind bleiben ein Leben lang
weil du ohne Unterlass
in mir geboren wirst

Staunend
in jeder Lebenssituation
klein anfangen dürfen
damit deine Verwandlung
sich in mir ereignen kann

Staunend
mit offenen Augen und Ohren
alles wahrnehmen
wie wenn ich es das erste Mal
sehen und hören würde

Staunend
mit Kindern unterwegs sein
weil sie noch nichts zu verlieren haben
und ausdrücken
was sie zutiefst zum Wachstum brauchen

Staunend
Kind bleiben
weil ich nicht sein muss
sondern alles werden kann

Staunend
mitgestalten
an deiner neuen Welt
wo zärtliche Gerechtigkeit
im unbequemen Widerstand sichtbar wird
weil du Partei ergreifst
und dich unwiderruflich
auf die Seite der Kleinen stellst

Staunend
dich feiern als Mitte allen Lebens
jeden Tag neu

Der Einfachheit des Lebens
Ehre erweisen
dem Kleinen
Unscheinbaren
Alltäglichen
Aufmerksamkeit schenken

In Beziehung treten mit dem Leben
Berührungsängste überwinden
auf den Zwischenraum achten
damit echte Begegnung möglich ist

In mir selber
das Kleine in die Mitte stellen
es kraftvoll in den Armen hochhalten
das Spielerische im Leben neu entdecken
in die Schwingung des Lebens mich einlassen
im Dasein
im Zuhören
im Mitsein

Das Königskind in jedem Menschen entdecken
einmalig
geheimnisvoll
verletzlich
verwandlungsfähig

Ein Leben lang
einfach spielerisch bleiben

Entsetztes Staunen

„Jeder Engel ist schrecklich", schreibt der Dichter Rainer Maria Rilke in der zweiten der Duineser Elegien[5]; und ich bin ihm zutiefst dankbar für diese Worte. Denn mir ist eine geerdete Spiritualität wichtig – eine Spiritualität, bei der die Polarität unseres Lebens nicht aufgehoben wird. So schreibt der Mystiker des 20. Jahrhunderts, Thomas Merton: „Der Kern des menschlichen Daseins birgt ein Paradox in sich. Erst wenn der Mensch dies begreift, wird seine Seele dauerndes Glück finden. Das Paradoxe besteht darin, dass die menschliche Natur von sich aus wenig oder gar nichts zur Lösung ihrer wichtigsten Probleme beizutragen vermag."[6] Dieses Zurückgeworfensein auf sich selber lese ich auch in den Worten von Rilke. Ein Engel verweist mich auf meinen göttlichen Kern, und wahrzunehmen, wie ich bin und wie ich sein könnte, kann sehr schmerzvoll sein. Ich werde mir dadurch bewusst, was ich mir und anderen schuldig geblieben bin. Auch dieses Leiden an mir selber finde ich im Staunen. Wie jeder Wert ist das Staunen nicht nur ein Glücksgefühl, sondern auch das klare Wahrnehmen des Mangels, des Scheiterns, des Gebrochenseins. Je mehr ich einübe, dankbar zu staunen über all das Gute, das mir jeden Tag geschenkt ist, umso mehr werde ich mit-leiden an der Unvollkommenheit unserer Welt. Meine Verwurzelung in der jüdisch-christlichen Tradition lässt mich nicht zum abgeklärten Menschen werden, der nur noch staunend lobt und preist. Wäre es so – welchen Raum hätten meine Schattenseiten? Ich müsste meine ganze dunkle Seite verleugnen und abspalten. Im Einüben des Staunens begegne ich eben auch der Widerwärtigkeit, die Menschen einander und der ganzen Schöpfung antun; das führt mich zum entsetzten Staunen. Zur Gabe des Staunens gehört die politische Grundhaltung, alles zu tun, um das Leiden zu verhindern auf dieser Welt und zugleich – welch ein Paradox – das Leiden in unser Leben zu integrieren. Denn es gibt kein staunendes Wahrnehmen, dass Leben und Liebe mir geschenkt werden, ohne auch vom Leiden berührt zu werden. Leidenschaftlich verliebt zu sein in das Leben beinhaltet, diese Spannung immer mehr annehmen zu können.

Staunend kultiviere ich die Lebensfreude, lache ich über mich selber, und staunend finde ich mich niemals ab mit all der Ungerechtigkeit, die Menschen voneinander entfremdet.

Du
Schöpfer allen Lebens
lehre mich staunen
über die alltäglichen Wunder
und fördere in mir das Entsetzen
über den lieblosen Umgang mit aller Kreatur
sei du aus Liebe zum Leben
die Widerstandskraft in mir

Du
Quelle aller Beziehungen
wecke in mir das Staunen
über all die bestärkenden Begegnungen
die erzählen wie du jeden Menschen bewohnst
und fördere in mir das Entsetzen
über all die Gewalt
die Menschen einander antun
stehe du aus Liebe zum Menschen
auf in mir im Einsatz für die Menschenrechte

Du
Heilender Geist
berühre uns mit deinem staunenden Blick
der Kulturen zusammenführt
und das Antlitz der Erde erneuert
fördere in mir das Entsetzen
über all die Ausgrenzungen
die uns vom Sinn des Lebens entfernen
sei du die verbindende Kraft in uns
die zur fantasievollen Kreativität bewegt

Dem Unerwarteten Raum geben

Staunende Menschen gehen mit offenen Augen, Ohren und Herzen durchs Leben. Und sie wissen darum, wie wichtig es ist, innezuhalten, die Augen immer wieder zu schließen, um all das Erlebte vertiefen zu können. Sie bringen ihre schöpferischen Gaben ein, um mitzugestalten an einer gerechteren und zärtlicheren Welt. Ihr Staunen führt sie zur tiefen Dankbarkeit dem Geheimnis des Lebens gegenüber und zur notwendigen Empörung über all die schrecklichen Ereignisse, die zum Himmel schreien. In diesem engagierten Mitfühlen eröffnen sie Räume der Stille, in denen sie alleine und mit anderen angerührt werden können von Gottes bewegender Geistkraft. Das bewusste Ein- und Ausatmen verweist sie auf das aktive Mitsein, um da das Menschenmögliche zu tun. Zugleich liegt darin die Gabe des Lassens, des Überlassens, damit das Unerwartete, das Unmögliche sich ereignen kann.

Staunende Menschen stehen mit beiden Füßen auf dem Boden und schauen himmelwärts, um die vielen alltäglichen Wunder in Verbindung mit der Ewigkeit zu bringen. Staunende Menschen leben zutiefst aus unerwarteten Begegnungen, die ihnen geschenkt sind und in ihnen das Vertrauen in die große Weggemeinschaft aller Menschen guten Willens fördern. Denn seit Jahrhunderten hoffen Menschen aller Hoffnungslosigkeit zum Trotz. Staunend gestalten sie mit am Versöhnungsprozess auf der ganzen Welt, durch ihr Innehalten und engagiertes Aufbrechen.

Innehalten und Aufbrechen, Ein- und Ausatmen, Einlassen und Loslassen sind die beiden Seiten, die es braucht, um sich im Engagement nicht zu verlieren. Staunen heißt wahrnehmen was ist, sich einlassen auf alle Lebenserfahrungen. Um dabei nicht in der Habendimension zu bleiben, braucht es die Gabe des Loslassens. Nicht aus Weltflucht und Weltverneinung, nicht aus Beziehungsangst und Konfliktunfähigkeit, sondern aus der Lebensweisheit, die sich in allen Kulturen und Religionen finden lässt: das Vertiefen aller Erfahrungen in meinem Seinsgrund. Dies wird möglich, wenn ich das Lustvolle genieße und das Schwierige anschaue und beides versuche loszulassen, um die tiefere Verbundenheit mit allem zu erahnen. Es geht dabei um die Grunderfahrung aller Beziehung, um die Nähe und die Distanz. Zum Staunen braucht es die Nähe und zum Loslassen braucht es die gute Distanz zu den Erlebnissen. Martin Buber spricht vom Zwischenraum, der notwendig ist, damit wirkliche Begegnungen sich ereignen können im Leben. Zu diesem Beziehungsspielraum ermutigen die folgenden Schritte des Loslassens.

II LOSLASSEN

Ein Weg des Loslassens

Ich kenne keinen spirituellen Weg, der nicht auch ein Weg des Loslassens ist. Dabei geht es mir nicht um eine vergeistigte – leibfeindliche – und weltverneinende Spiritualität, sondern um die Ermutigung, aus der Tiefe echte Begegnungen zu fördern. „Alles wirkliche Leben ist Begegnung", schreibt Martin Buber. Damit ist die Grundhaltung ausgedrückt, die mich vom Loslassen schreiben lässt: Denn echte Begegnung ist ohne Loslassen nicht möglich.

In dem Film „*Monster's Ball* – Im Schatten des Hasses" des Regisseurs Marc Forster wird das Lebensthema des Loslassens in eindrucksvollen Bildern entfaltet. Ein weißer Gefängniswärter in den Südstaaten der USA verliebt sich in die Witwe eines Schwarzen – voll lebendiger Intensität dargestellt von Halle Berry, die für diese Rolle zu Recht den Oscar 2002 als beste Hauptdarstellerin erhalten hat –, den er zur Hinrichtung geführt hat. Intoleranz, Todesstrafe als gottgefälliges Werk, Geringschätzung der Frauen sind die Lebenseinstellungen, die durch die Begegnung und die wachsende Liebe beider Menschen verwandelt werden können. Das Loslassen von festgefahrenen Vorstellungen und Erziehungsmustern ist auch in einem feindlichen Umfeld möglich. Von dieser spirituellen Kraft des Loslassens und einer leisen Versöhnlichkeit erzählt dieser Film. Er ermutigt dazu, mich an meinem Lebens- und Beziehungsort auf neue Begegnungen einzulassen, um das Verbindende auch in der

Verschiedenheit zu erkennen. Denn ein spiritueller Mensch ist für mich ein Mensch, der all seine Begegnungen mit Menschen, der Schöpfung und dem ganzen Kosmos in Beziehung bringt mit dem Ursprung allen Lebens – mit Gott. Dazu braucht es die Fähigkeit des Wahrnehmens, des Innehaltens, des Staunens, des Versöhnens, des Genießens und des Loslassens. Denn loslassen kann ich nur, was ich gehabt oder zumindest wahrgenommen habe.

Echte Begegnung mit dem Leben geschieht immer dann, wenn ich mich nicht allein vom *Haben* leiten lasse, sondern dem *Sein* mehr Raum gebe. Dies gelingt, wenn in allen Begegnungen ein Zwischenraum entsteht, in dem der Geschenkcharakter des Lebens spürbar wird – er ist nicht planbar, obwohl er gepflegt und gefeiert werden will. In diesem Kapitel möchte ich Wege aufzeigen, die zu einem solchen Zwischenraum führen können. Ich lasse mich inspirieren von dem Mystiker Meister Eckhart. Er bestärkt mich im Loslassen, um damit mir selbst, aber auch allen Begegnungen auf den Grund zu gehen.

Ich tue mich schwer mit dem Loslassen. Darum schreibe und rede ich so viel davon. Denn ein spiritueller Mensch besitzt nicht die Wahrheit, sondern lernt alltäglich, wahr und authentisch zu werden. Dabei können mich meine Sehnsucht und meine Grenzen leiten. Ich sehne mich sehr danach, mehr loslassen zu können und darin von Gottes Kraft und Zärtlichkeit erfüllt zu werden. Diese Sehnsucht wird geerdet gerade im Annehmen meiner Unfähigkeit, gelassen zu sein: ein zutiefst spiritueller Prozess!

Ich brauche die Auseinandersetzung mit diesem zentralen Lebensthema. Es ist wichtig, im Entfalten meiner Persönlichkeit und im Gestalten meiner Beziehungen das Loslassen einzuüben. Doch letztlich ist es nicht machbar, sondern eine unerwartete Gabe, die mich berührt – und für die ich dankbar bin.

Loslassen
möchte ich
um dir in allem begegnen zu können

Loslassen
möchte ich
im Genießen des Geschenkcharakters
des Lebens

Loslassen
möchte ich
im Annehmen meiner Grenzen

Loslassen
möchte ich
im Gestalten meiner Beziehungen

Loslassen
möchte ich
um dich als Grund aller Begegnungen
zu feiern

Sich einlassen und loslassen

„Ich tanze, wenn du mich führst", schreibt die Mystikerin Mechthild von Magdeburg. Mystische Menschen haben sich zutiefst eingelassen auf das Leben, auf Gott. Ein Weg des Loslassens ist nicht möglich, ohne mich auf mich selber, auf die andern, auf Gott einzulassen.

Dazu gehört:
Mich auf mich selber einzulassen im Entdecken meiner Fähigkeiten, meiner verborgenen Talente, meiner unterdrückten Bedürfnisse, meiner Lebensaufgabe. Mich zugleich einzulassen auf die unangenehmen Seiten in mir, mich mit meinem Schatten, meinen Grenzen, meiner Verwundbarkeit anzufreunden, damit ich daran wachsen und reifen kann.

Mich einzulassen auf Beziehungen: Nähe und Distanz, Angewiesenheit und Freiheit, Verbundenheit und Verschiedenheit einüben. Mich einzulassen auf die beflügelnde Kraft der Freundschaft im Entfalten einer Kultur der Zärtlichkeit und der Konfliktfähigkeit.

Mich einzulassen auf den Grund des Lebens, der für mich Gott ist, auf ihn hören, Barmherzigkeit und Gerechtigkeit wahrnehmen, im Annehmen und Entfalten meiner Einmaligkeit und im Mitgestalten an einer gerechteren Welt, in der die Menschenrechte gefördert werden, denn „Gottes Ehre ist der lebendige Mensch" (Irenäus von Lyon). Mich einzulassen auf meine Geschöpflichkeit im täglichen Verinnerlichen des Sterbens, das zum Leben gehört.

Ein authentischer Weg des Loslassens beginnt damit, dass ich mich einlasse auf den Lebenstanz, die Lebensfreude, den Humor, um mich darin bestärken und begleiten zu lassen. Ein Weg in die Tiefe beginnt damit, sich einzulassen auf die schmerzlichen Seiten des Lebens, die himmelschreiende Gewalt, die beängstigenden Naturkatastrophen, und darin einander nicht alleinzulassen und Schritte der Solidarität zu wagen.

Mich einlassen
auf das Licht in mir
die geschenkten Gaben
die entfaltet werden möchten

Mich einlassen
auf die Gabe der Freundschaft
im Genießen des Anerkanntseins
im Einüben der Konfliktfähigkeit

Mich einlassen
auf die schwierigen Seiten des Lebens
die durchkreuzten Hoffnungen
um daran wachsen und reifen zu können

Mich einlassen
auf die Lebenslust
die gegenseitige Bestärkung
im Fördern von Gemeinschaft

Mich einlassen
auf die Solidarität
den Kampf für Frieden in Gerechtigkeit
im Einsatz für die Menschenrechte

Mich einlassen
auf dich
im Erahnen wie du
Grund allen Lebens
allen Mitfühlens und aller Hoffnung bist

Mystik des Loslassens bei Meister Eckhart

Bei dem großen Mystiker Meister Eckhart finde ich immer wieder neue Ermutigungen, das Loslassen einzuüben. Seine Bestärkungen zum Loslassen hat er in vielen Erfahrungen durchlebt und wohl auch durchlitten. – Um 1260 ist Meister Eckhart im thüringischen Hochheim geboren. Er tritt in den Dominikanerorden bei Erfurt ein; das erste sicher überlieferte Datum seines Lebens ist der Studienabschluss 1294 in Paris. Er wird Prior des Klosters in Erfurt. 1302 folgt die Berufung als Professor nach Paris und 1303 wählt ihn die neu gebildete Ordensprovinz Saxonia zum Provinzial. 47 Konvente umfasst diese Provinz. Neugründungen kommen hinzu. Eine ausgedehnte Reisetätigkeit mit wochenlangen Fußmärschen ist sein Alltag, nicht das geruhsame philosophische Forschen. 1307 wird er vom Generalkapitel zum Generalvikar gewählt. Dort in Straßburg ist Eckhart auch für die theologische Unterweisung der Dominikanerinnen verantwortlich. Es ist vor allem in diesem Kontext, in dem Eckharts berühmte Predigten entstehen, welche ihn als Mystiker in die Geschichte eingehen lassen. Sein Unterwegssein zwischen Paris einerseits und Erfurt, Straßburg und Köln andererseits spiegelt das Pendeln zwischen der lateinischen Philosophie und den mittelhochdeutschen Predigten. Die dynamische Wirkung Eckharts liegt in seinem philosophischen Denken, seine Popularität in den Predigten – als Mystiker verbindet er beides. 1326 wird ein Inquisitionsverfahren gegen ihn eingeleitet. Denn wie jeder Mystiker ermutigt er dazu, die Wahrheit in sich zu suchen. Diese Zusage der unmittelbaren Erfahrung mit Gott ist den Hütern der Orthodoxie ein Dorn im Auge. Eckhart verteidigt sich und wendet sich 1327 direkt an Papst Johannes XXII. in Avignon. Dieser verurteilt fünfzehn seiner Sätze als häretisch, weitere elf Sätze als „überaus übel klingend und sehr kühn und der Häresie verdächtig". Meister Eckhart fühlt sich missverstanden, denn seine Gedanken sind aus dem Kontext herausgelöst. Er widerruft diese Sätze – leider – unter dem Druck des Prozesses; die Verurteilung selbst erlebt er jedoch nicht mehr; er stirbt vermutlich im Frühjahr 1328 bei Avignon.

Eckharts mystische Darlegungen sind ohne zwischenmenschliche Beziehungen und die dialogische Situation, in der er sich immer wieder befand, nicht denkbar. Zentrale Inhalte seiner Mystik sind der große Adel, den Gott in die Seele gelegt hat, die „Gottesgeburt in der Seele" – das „Seelenfünklein" – und das Leben aus Gott, dem Sein, von innen heraus. In Zusammenhang mit dem Loslassen spricht er von Armut und Abgeschiedenheit. Aus der großen Fülle und dem Reichtum seiner Gedanken wähle ich einige Kernsätze aus, die ich mit spirituellen Alltagsübungen in Verbindung bringe.

Sich selber lassen

> *„Richte dein Augenmerk auf dich selbst,*
> *und wo du dich findest,*
> *da lass von dir ab;*
> *das ist das Allerbeste",*

schreibt Meister Eckhart in seinen Reden der Unterweisung.[7] Ein faszinierender Gedanke, in dem sich die Kunst des Loslassens verdichtet. Loslassen kann ich nur, was ich wahrgenommen, gefunden habe. Mystische Menschen muten uns zu, wir selber zu werden – „Gotteserkenntnis ist ohne Selbsterkenntnis nicht möglich", sagt etwa Teresa von Ávila treffend. Der mystische Gedanke von der Ichlosigkeit, vom Aufgehen in einem größeren Ganzen lebt von der anspruchsvollen Entfaltung der eigenen Persönlichkeit. Die Ermutigung, nach innen zu schauen, mein inneres Feuer, das „Seelenfünklein" in mir zu entdecken, ist Voraussetzung, um meine Lebensaufgabe auf dieser Welt zu finden. Dabei geht es nicht um narzisstisches Kreisen um sich selber, sondern um das Entdecken der eigenen Talente und Gaben, die zum eigenen Wohle und zum Wohle der Gemeinschaft entfaltet werden möchten. Ein spiritueller Mensch richtet sein Augenmerk auf sich selbst, er sucht sich und ahnt, dass er sich nur wirklich in Gott finden kann – in Gott, der nicht losgelöst ist von Beziehungen, von der Schöpfung, sondern deren tiefster Grund ist. Ich kann mich finden, wenn ich das Göttliche in allen Beziehungen entdecke. Hier liegt die Spur zum Loslassen. Denn ich werde nur erfüllt und glücklich und kann über mich selber hinauswachsen, wenn ich mich auch wieder lasse. Zwei Bewegungen gehören also zu diesem Prozess: mich selbst zu entdecken und mich loszulassen und im Loslassen mich zu entdecken. Idealbilder von mir loszulassen, um der Mensch zu werden, der ich zutiefst bin, ist ein spannendes Wagnis, das täglich neu beginnt. Mich beeindrucken die Menschen, die sich voll und ganz einbringen, mit ihrer Meinung, ihrer Lebenskraft, ihren Grenzen, und die sich wieder zurücknehmen, um anderen auch diesen Raum zur Verfügung zu stellen. Wir brauchen mehr denn je Menschen mit Rückgrat, die sich aus ihrem Inneren heraus exponieren, die es wagen, unbequeme Gedanken auszusprechen und noch mehr, sie zu leben. Diese Menschen sind umso glaubwürdiger, wenn deutlich wird, dass all ihr Sein und Tun letztlich nichts Selbstgemachtes und Verdientes ist, sondern Geschenk.

Ich lasse Idealbilder von mir los: im Integrieren meiner Schattenseite und im Wahrnehmen meiner dunklen und unerlösten Seiten – an deren behutsame und bestimmte Verwandlung ich glaube. Sich selber finden heißt auch, sich als begrenzt annehmen. Wir brauchen Menschen, die sich selber einschätzen können, die nein sagen können, indem sie die Allmachtsfantasien entlarven und ihre Würde gerade in ihrer Begrenzung und ihrer Verwundbarkeit entdecken.

In kleinen Zeichen und Übungen wird dies konkret:
- Mich zu lassen wird möglich im täglichen Einüben des Schweigens. All die gelungenen Erfahrungen und auch jene, die ich mir anders gewünscht hätte, am Ende des Tages wieder loszulassen, sie Gott zu überlassen, ist ein Ausdruck meines Vertrauens in das, was ist.

- Mich zu lassen wird erfahrbar, wenn ich auch über mich selber lachen kann. Der Humor ist ein guter Schritt auf dem Weg der Gelassenheit. Dabei nehme ich wohl wahr, was ungenügend, undifferenziert, unausgeglichen ist, doch ich tue mir Gutes, wenn ich mich auch mit Humor annehmen kann. Da löst sich meine Verkrampftheit, und ich kann jeden Tag neu anfangen.

- Mich zu lassen wird spürbar, wenn ich Perspektiven und Ziele für mein Leben entwickle und dabei offen bleibe für Unvorhergesehenes, für die unerwarteten Einladungen des Lebens, der Lebendigkeit in mir.

– Mich zu lassen wird erlebbar, indem ich mich hineinbegebe in Beziehungen. „Beziehung ist Gegenseitigkeit. Mein Du wirkt an mir, wie ich an ihm wirke … Der Mensch wird am Du zum Ich", schreibt Martin Buber. In diesem Dialog geschieht es, dass ich mich finde, wenn ich darin staunend auf den Zwischenraum in einer Begegnung achte, wo ich mich selber lasse, weil ich nicht zu haben bin, sondern immer neu am Werden. Und genauso gilt dies für die oder den anderen.

– Mich zu lassen wird mir in Erinnerung gerufen, wenn ich zum Beispiel an meinen Spiegel die Worte klebe: „Ich lasse mich!" Schon am Morgen sollen sie mir wohlwollend entgegenkommen als Einladung, heute mehr ich selber werden zu können. Vor allen Ansprüchen des Tages soll mir dadurch der Zuspruch erneuert werden, gut zu sein, so wie ich bin.

Meine Sehnsucht ist groß
ich selber zu werden
nicht gelebt zu werden
sondern aus meiner Mitte heraus
mich entfalten zu können

Meine Sehnsucht ist groß
mich lassen zu können
Idealbilder von mir loszulassen
damit ich immer mehr so werde
wie Gott mich von Anfang gemeint hat:
als sein Abbild

Meine Sehnsucht ist groß
mich zu finden
weil ich nur so Gott finden kann
im tiefsten Seelengrund
wo ich sein darf
vor aller Leistung

Meine Sehnsucht ist groß
mich lassen zu können
um in meinen Gaben
meine Lebensaufgabe zu entdecken
im Entfalten und Aufgeben meiner Gaben
zum Wohle aller

Andere lassen

> *„Gottes Bild, Gottes Sohn, sei in der Seele Grund wie ein lebendiger Brunnen. Wenn aber jemand Erde, das ist irdisches Begehren, darauf wirft, so hindert und verdeckt es ihn, so dass man nichts von ihm erkennt oder gewahr wird; gleichviel bleibt er in sich selber lebendig, und wenn man die Erde, die von außen oben darauf geworfen ist, wegnimmt, so kommt er wieder zum Vorschein und wird man ihn gewahr ..."*

... schreibt Meister Eckhart in seiner Schrift „Vom edlen Menschen"[8]. Meister Eckhart hat eine hohe Meinung von jedem Menschen, denn in „ihm wird Christus ohne Unterlass geboren". Für mich bedeutet darum der Glaube an Christus der Glaube an die Verwandlung jedes Menschen. Ich glaube an diese lebendige Quelle in seinem „Seelengrund" – ein Ort der Lebendigkeit, der wohl durch das Haben- und Besitzenwollen eines Menschen verdeckt werden kann; denn durch diese Haltungen geht Lebendigkeit verloren. Mystiker haben verschiedene Bilder für diesen sehr wertvollen inneren Kern des Menschen gefunden. Meister Eckhart redet auch vom „Adel des Menschen", der „in sich selbst lebendig bleibt", auch wenn andere mit ihren Vorurteilen und festgefahrenen Bildern ihm das absprechen wollen. Diese Hoffnung trägt mystische Menschen: Die Verwurzelung in Gott führt sie in die Beziehungsfähigkeit, indem sie den guten Kern, den „kostbaren Diamanten" (Teresa von Ávila) in jedem Menschen entdecken. Dazu gehört, auch immer wieder das Loslassen der Eindrücke und der gemachten Erfahrungen mit einem Menschen einzuüben. Je mehr ein Mensch festgenagelt und eingeschränkt wird auf ein gemachtes Bild, umso weniger kann er sich entfalten. Demgegenüber ruft Meister Eckhart zur „Abgeschiedenheit auf und dass der

Mensch ledig werden soll seiner selbst und aller Dinge". Ein solches „Ledigsein" lebt von diesem wunderbaren Menschenbild, das sich stets verwandeln kann, weil es nicht darauf ankommt, was war, sondern was ist, im Hier und Jetzt. Unter Abgeschiedenheit verstehe ich die Lebensweisheit, dass Distanz in Beziehungen wohltuend und lebensfördernd ist, damit ich einen Menschen neu sehen kann. Ich erlebe zum Beispiel das tägliche gemeinsame Schweigen in unserer Klostergemeinschaft am Morgen und am Abend als jene Grundhaltung, jeden Menschen mit den Augen Gottes zu sehen. Dadurch wird eine Kultur der Konfliktfähigkeit möglich, weil ich ansprechen kann, womit ich mich schwertue. Ich drücke diesem Menschen meine Wertschätzung aus, wenn ich mir und ihm zutraue, Verwandlung an uns geschehen zu lassen.

Es gehört zu unserer Lebensaufgabe, jeden Tag das Lassen der anderen einzuüben. Denn ich kann sie nicht verändern, wohl aber kann ich durch diese Grundhaltung einen anderen Zugang zu ihnen finden. Max Frisch schreibt sehr treffend in seinem Tagebuch: „Es ist bemerkenswert, dass wir gerade von dem Menschen, den wir lieben, am mindesten aussagen können, wie er sei. Wir lieben ihn einfach ... Wir wissen, dass jeder Mensch, wenn man ihn liebt, sich wie verwandelt fühlt, wie entfaltet, und dass auch dem Liebenden sich alles entfaltet, das Nächste, das lange Bekannte. Vieles sieht er wie zum ersten Mal. Die Liebe befreit aus jeglichem Bildnis. Das ist das Erregende, das Abenteuerliche, das eigentlich Spannende, dass wir mit den Menschen, die wir lieben, nicht fertig werden: weil wir sie lieben, solange wir sie lieben ... Du sollst dir kein Bildnis machen, heißt es von Gott. Es dürfte auch in diesem Sinne gelten: Gott als das Lebendige in jedem Menschen, das, was nicht erfassbar ist."[9]

Dies gilt besonders auch für die Menschen, mit denen wir uns schwertun. Sie zu lassen, damit wir in ihnen das Lebendige immer neu entdecken, ist uns jeden Tag wieder aufgetragen – und es macht unser Leben spannend.

―――

Ganz konkret kann das so aussehen:
Die anderen Menschen (los)lassen heißt, jedem Menschen Verwandlung zugestehen. Ich kann dies ausdrücken, indem ich mein Leben als Segen verstehe und jeden Tag segnend da bin. Beim Lesen der Zeitung, beim Busfahren und Einkaufen halte ich inne, um segnend da zu sein. Dabei geht es nicht darum, nur das Gute zu sehen, sondern gerade in der Empörung, im Ärger, in der Verschiedenheit suche ich den lebendigen Brunnen im anderen, den ich bis jetzt noch nicht entdeckt habe.

Die anderen Menschen (los)lassen drückt sich in der Grundhaltung aus, dass ich die anderen nicht verändern kann. Es liegt an mir, einen anderen Zugang zu ihnen zu finden, indem ich bei mir anfange wahrzunehmen, womit ich mich schwertue mit jemandem und was da vielleicht zuerst in mir verwandelt werden möchte.

In kleinen alltäglichen Begebenheiten fällt es mir besonders schwer, die anderen zu lassen. Ich habe meine Vorstellungen, wie der Tisch gedeckt sein soll, wie der Empfang der Gäste geschieht etc. In kleinen Dingen können sich große Werte ausdrücken. Wenn ich lerne zu spüren, was mir wichtig ist, kann ich im Gespräch auch besser auf die anderen hören und die Verschiedenheit spüren, um darin Wege zu finden, wie beide sich entfalten können.

Auch im Schönen, im Genießen, in der Lebenslust, die miteinander erfahrbar ist, ist das Loslassen wichtig. Denn all diese Erfahrungen sind nicht zu *haben*, sondern immer Geschenk. Je mehr ich lerne, wirklich zu genießen, bis tief in Leib und Seele hinein die Zuwendung annehme, umso besser kann ich sie loslassen. Suchtverhalten hat oft damit zu tun, dass ich zu wenig genießen kann. So muss ich immer mehr haben mit immer weniger Genuss.

Die anderen Menschen lassen heißt, ihnen Verwandlung, Entwicklung zugestehen. Jeder Mensch hat bis zur letzten Sekunde seines Lebens das Recht, sich verwandeln zu lassen. Meine Kinder sind nicht dazu da, so zu werden, wie ich das für sie geplant habe. Meine Partnerin, mein Partner ist nicht da, um so zu bleiben, wie ich sie/ihn kennengelernt habe. Loslassen als Lebensgrundhaltung einüben ist nur geerdet, wenn dabei die Konfliktfähigkeit zugleich eingeübt wird. Denn erst wenn ich all meine Gefühle, meine Dankbarkeit, meine Enttäuschungen, meine Ängste, meine Hoffnungen wahrnehme, kann ich versuchen, sie loszulassen, damit daraus Neues entstehen kann.

In Momenten des Verletztseins
in denen ich die Welt nicht mehr verstehe
und mich innerlich verhärte
da folge ich der Spur meines Atems
um darin das Geheimnis
unseres Lebens und Glaubens zu entdecken:
Christus
der jeden Menschen bewohnt
damit wir uns alltäglich
zum Guten verwandeln können

In Momenten des Aufschreis
über all die Ungerechtigkeiten
die Menschen einander zufügen können
erinnere ich mich an die große
jahrhundertelange Weggefährtenschaft
von Frauen und Männern
die hoffen in aller Hoffnungslosigkeit
bewegt von Gottes Geist in uns

In Momenten der Sprachlosigkeit
über die Ausbeutung und Zerstörung
unserer Schöpfung
spüre ich Mutter Erde unter mir
mit meinen beiden Füßen
Bild jenes wohlwollenden Gottes
der mich trägt
und sein *Ja* zum Menschen
nie mehr zurücknimmt

Darum
glaube ich an Christus
der in uns jeden Tag neu geboren wird
und uns Menschen zur Solidarität verwandelt

Gott lassen

> *„Aber manche Leute wollen Gott mit den Augen ansehen, mit denen sie eine Kuh ansehen, und wollen Gott lieben, wie sie eine Kuh lieben. Die liebst du wegen der Milch und des Käses und deines eigenen Nutzens. So halten's alle jene Leute, die Gott um äußeren Reichtum oder inneren Trosts willen lieben; die aber lieben Gott nicht recht, sondern sie lieben ihren Eigennutz ..."*

... sagt Meister Eckhart in einer seiner Predigten.[10] Mystische Menschen wagen von der Nähe Gottes zu sprechen, von diesen unmittelbaren Erfahrungen des Berührtseins, des Angesprochenseins, des Bewegtseins durch Gott im Schweigen, in Begegnungen mit Menschen und der Schöpfung. Wie ein roter Faden durchzieht sie jedoch auch die Botschaft des Loslassens. Auch Gott ist nicht zu haben. Es gilt immer wieder, Bilder und Symbole von ihm loszulassen, leer zu werden, damit er uns neu berühren und bewegen kann. Darum stellen Mystikerinnen und Mystiker eine Leistungsfrömmigkeit so sehr infrage. Zwei faszinierende Gedanken von Meister Eckhart haben mein eigenes Beten und Feiern sehr verwandelt:

„Gott um Gottes willen lassen, damit er mir bleibe ..."[11], und „darum bitte ich Gott, dass er mich Gottes quitt mache ..."[12]

Sie eröffnen in mir eine Weite, befreienden Glauben, in dem das Gebet als Eigennutz überwunden wird, und die Möglichkeit, in das Vertrauen hineinzuwachsen, dass ich getragen und begleitet bin. Von Gott frei sein oder „Gottes ledig werden" heißt, sich immer wieder zu befreien von Gottesbildern und Gottesvorstellungen – nur so kann die Beziehung zu und Begegnung mit Gott lebendig bleiben. Meister Eckhart unterscheidet dabei zwischen Gott und

Gottheit. Von Gott können und müssen wir reden, doch immer in dieser Grundhaltung des Loslassens. Von der Gottheit können wir nicht mehr reden: „Alles das, was in der Gottheit ist, das ist Eins, und davon kann man nicht reden"[13] Denn die tiefsten Erfahrungen, die für mich damit verbunden sind, die Momente des Gehaltenseins, des Getragenseins, des Erfülltseins, können nicht mit Worten ausgedrückt werden, sie würden durch jeden Buchstaben zerredet. An diesen tiefsten Grund zu gelangen, bleibt das ganze Leben lang eine Aufgabe. Das gesprochene Gebet ist der Weg dazu, doch das Ziel ist das Schweigen, in dem Momente der tiefen Verbundenheit mit allem nicht mehr mit Worten ausgedrückt werden können. Mit dieser Erkenntnis Eckharts hat auch seine große Beachtung im westöstlichen Dialog, im Gespräch des Christentum mit dem Zen-Buddhismus zu tun. Gott lassen heißt auch, nicht in erster Linie auf das Trennende mit anderen Religionen zu achten, sondern auf das Verbindende. Doch dann ist ein echter Dialog natürlich nur möglich, wenn auch die Verschiedenheit ausgedrückt wird. So ist für mich als christlicher Mensch Gott als letzte Wirklichkeit ein Du. Für mich bleibt dieses Wort, wenn alle Worte verstummen. Ich lasse es, damit Christus mir bleibt.

===

Im Folgenden wird das Gesagte konkreter:
Ich lasse Gott, indem ich ein großes weißes Blatt vor mich hinlege und mir Zeit nehme, um Worte, Bilder, Symbole von Gott aufzuschreiben. Wir brauchen Worte, Bilder, Symbole, um die tiefste Hoffnung, die wir in uns spüren, auszudrücken. Diese Bilder, Symbole von Gott können mich eine Zeit lang begleiten, doch ich übe mich ein, sie auch wieder loszulassen, denn Gott bleibt der ganz Andere, der Nahe und Unbegreifliche.

Ich lasse Gott, indem ich das weibliche Reden von Gott fördere. In unserer offenen Klostergemeinschaft haben wir das Vaterunser leicht verändert. Am Schluss beten wir: „Dein ist das Reich, die Kraft und die Zärtlichkeit." Das hebräische Wort für Gottes Geist „ruach" und das griechische Wort „sophia" – Weisheit – sind weiblich. Beim Singen des Liedes „Mutter Geist, Schwester Geist, Freundin Geist" erfahre ich wohltuend, wie neue Worte mich verwandeln und mir einen ganzheitlichen Zugang auch gerade zu meinem Körper-sein eröffnen. Augustinus sagt: „Empfanget nicht nur den Leib Christi, seid Leib Christi." Im Feiern der Eucharistie erahne ich die Zärtlichkeit Gottes, die mich nährt und die Welt mitgestalten lässt, damit alle Menschen Brot und Rosen haben.

Ich lasse Gott, indem ich das Schweigen einübe. Schweigen und Hören sind Grundbedingungen für die Geburt Gottes in der Seele des Menschen. Damit erhält das Wort *Leere* eine positive Bedeutung: Je leerer ich werde, umso mehr kann ich von Gott erfüllt werden. Das bewusste Ein- und Ausatmen hilft, auch all die vielen Gedanken immer wieder loslassen zu können. Sie sind da, doch lasse ich sie vorbeiziehen wie Wolken und gelange so immer tiefer ins Schweigen. Dabei bin ich nicht für mich allein, sondern zutiefst verbunden mit allem.

Mich und die anderen Gott zu überlassen kann erfahrbar werden, wenn ich vor dem Schweigen all meine Gefühle, die kraft- und die lustvollen, die angstmachenden und die ärgerlichen, ausspreche. In den Psalmen der Bibel finde ich dafür Anhaltspunkte, denn darin entdecke ich nebst problematischen Gottesbildern die befreiende Möglichkeit, alles vor Gott auszusprechen, ihm alles zu überlassen, damit ich letztlich auch ihn lassen kann, um so seine Nähe zu spüren.

Teresa von Ávila spricht von dieser wohltuenden Art des Betens: „Das Beten ist für mich wie das Zusammensein mit einem Freund, dem ich alles sagen kann, weil ich weiß, dass er mich liebt."

Du
tiefster Grund meiner Hoffnung
dich suche ich jeden Tag neu
indem ich mich finden lasse von dir

Du
tiefster Grund meiner Zärtlichkeit
dich erahne ich in all meinen Begegnungen
indem ich mich und andere dir überlasse

Du
tiefster Grund meiner Solidarität
dich erlebe ich im gemeinsamen Aufbruch
einer Welt der Gerechtigkeit entgegen

Du
tiefster Grund meines Staunens
dich erfahre ich im Schweigen
das mich verbindet mit allem

Du

Haben oder Sein

Eine Spiritualität des Loslassens ist keine individuelle Sache – sie ist höchst politisch. Dies hat der Psychoanalytiker und Sozialphilosoph Erich Fromm eindrücklich in seinem Spätwerk „Haben oder Sein" formuliert. Für ihn ist „die Tendenz zum Haben charakteristisch für den Menschen der westlichen Industriegesellschaft, in der die Gier nach Geld, Ruhm und Macht zum beherrschenden Thema des Lebens wurde"[14]. Möglichkeiten, aus diesem egoistischen Habenwollen auszubrechen, findet Fromm unter anderem bei Meister Eckhart: „Eckhart hat den Unterschied zwischen Haben und Sein mit einer Eindringlichkeit und Klarheit beschrieben und analysiert, wie sie von niemandem je wieder erreicht worden ist ... Laut Eckhart ist unser Ziel als Menschen, uns aus den Fesseln der Ichbindung und der Egozentrik, das heißt des Habenmodus, zu befreien, um zum vollen Sein zu gelangen ... Sein ist Leben, Aktivität, Geburt, Erneuerung, Ausfließen, Verströmen, Produktivität. Sein im Sinne Eckharts heißt aktiv sein im klassischen Sinn, als produktiver Ausdruck der dem Menschen eigenen Kräfte, es heißt nicht ‚geschäftig' sein im modernen Sinn. Aktivität bedeutet bei ihm ‚aus sich selbst ausgehen', was er in vielen Bildern beschreibt."[15]

Das Einüben des Loslassens gilt es in diesem großen, verbindenden Zusammenhang zu sehen. In sich gehen; sich, andere und Gott loslassen ist dabei entscheidend, um kraftvoller aus sich herauszugehen, das heißt mitzugestalten an einer gerechteren Welt im Hier und Jetzt. Sie verwirklicht sich, wenn Menschen ihre Angst vor der Zukunft loslassen und einen einfachen Lebensstil einüben, in dem neue Formen des Zusammenlebens und Teilens gesucht werden:

Ich überwinde das Habenwollen, indem ich überprüfe, wie ich mit meinem Geld umgehe, auf welcher Bank ich es anlege, wie viel ich für mich brauche und wie viel ich weitergebe. Die Worte des Mailänder Bischofs Ambrosius aus dem 4. Jh. sind mir beim Teilen bis heute wegweisend: „Die Erde ist für alle geschaffen worden ohne Unterschied. Die Natur kennt keine Reichen, sie bringt nur Arme hervor. Was du den Armen gibst, ist nicht dein Gut, du gibst ihnen vielmehr einen Teil von dem zurück, was ihnen gehört. Denn das Gut, das du an dich reißt, ist ein gemeinsames Gut, das allen zum Gebrauch gegeben wurde."

Es ist nicht unser Fleiß allein, der unseren Wohlstand ermöglicht, sondern auch das Fördern von Billiglöhnen in vielen armen Ländern. Darum ist das bewusste Einkaufen und das Bezahlen von fairen Preisen ein spiritueller Akt.

Ich überwinde das Habenwollen bei der Suche nach Verbündeten, die sich sozial und politisch engagieren. Auch in meiner Umgebung finden sich andere Menschen, die ihre Spiritualität im politischen Engagement ausdrücken wollen.

Inspiration finde ich zum Beispiel in der Zeitschrift „Publik-Forum".[16]

Ich überwinde das Habenwollen in der Aufmerksamkeit dafür, welches Menschenbild ich habe. Bleibt jeder Mensch für mich Subjekt? Wann mache ich ihn – manchmal auch unbewusst – zum Objekt? Ich hinterfrage kritisch die Menschenbilder unserer Konsumgesellschaft, die sich durch Statussymbole, Markenartikel, Schönheitsideale, Coolsein von der tiefen Sehnsucht nach Selbstwerdung entfernen.

Ich überwinde das Habenwollen, indem ich ökologische Achtsamkeit fördere – beim sparsamen Umgang mit der Energie, beim Benutzen öffentlicher Verkehrsmittel, im biologischen Gartenbau, bei der Benutzung von umweltverträglichen, biologisch gut abbaubaren Hausreinigungsprodukten, im Widerstand gegen die atomare Bedrohung.

Ich überwinde das Habenwollen im Verwurzeltsein in den Verpflichtungen eines Weltethos, wie sie der Theologe Lukas Niederberger treffend so zusammenfasst:
– Verpflichtung auf eine Kultur der Gewaltlosigkeit und der Ehrfurcht vor allem Leben.
– Verpflichtung auf eine Kultur der Solidarität und eine gerechte Wirtschaftsordnung.
– Verpflichtung auf eine Kultur der Toleranz und ein Leben in Wahrhaftigkeit.
– Verpflichtung auf eine Kultur der Gleichberechtigung und der Partnerschaft von Mann und Frau.

Ich überwinde das Habenwollen, indem ich aus dem Sein lebe, aus Gott. Das gibt meinem Leben Tiefe. Es bedeutet, mein inneres Feuer zu entdecken, meine Kreativität und meine Lebenskraft, die ich pflege, um sie alltäglich weiter-schenken zu können.

Sein dürfen
mich einbringen
mich zurücknehmen

Sein dürfen
ich bin nicht zu haben
sondern immer im Werden

Sein dürfen
du bist nicht zu haben
sondern immer im Werden

Sein dürfen
die Angst verlieren
zu kurz zu kommen

Sein dürfen
mit anderen aufbrechen
im politischen Engagement

Sein dürfen
Gottes Traum einer gerechteren Welt
mitträumen und mitverwirklichen

Loslassen angesichts des Sterbens

Als ich alle Bücher von und über Meister Eckhart beiseitegelegt hatte, kam in mir die Frage auf, was davon nun bleibt. Es gehört für mich zur Lust als Schreibender, in wenigen Worten Wesentliches auszudrücken. Und es entstand folgende paradoxe Einsicht: Dank Meister Eckhart habe ich gelernt, dass das Loslassen das größte Ziel im Leben ist – darum versuche ich, dieses Ziel loszulassen. Unsere ganze Existenz ist auf das Loslassen, aufs Sterben ausgerichtet. Niemand weiß, wie sie/er angesichts des Todes sein wird. Doch ich bin fest überzeugt, dass wir auch im Hinblick auf diesen letzten großen Abschied einander helfen können, das Loslassen mehr in unser Leben, in unseren Alltag hineinzuholen. Die Psychotherapeutin Verena Kast redet dabei davon, „abschiedlich leben zu lernen".

Es gehört zur großen Tragik unserer westlichen Kultur, dass wir den Tod immer mehr verdrängen und dabei eine unmenschliche, eine tödliche Atmosphäre fördern. Denn – und das erscheint nur denen merkwürdig, die es noch nicht erlebt haben –: Angesichts des Todes erhält das Leben eine höchste Intensität. Ich habe diese Erfahrung zweimal im gleichen Jahr gemacht. Zwei Frauen aus meinem Bekanntenkreis, die einander nicht kannten, waren mit der Tatsache einer unheilbaren Krebserkrankung konfrontiert und teilten mir mit, dass sie in den nächsten Monaten sterben würden. Und ich war zutiefst berührt und bewegt, wie jede der beiden Frauen das Loslassen wirklich gelebt und dadurch vor allem die anderen getröstet hat. Natürlich gab es da auch viele Ängste, Wut, Zweifel, Ohnmacht und Schmerz; doch indem sie mitgeteilt werden konnten, führten sie dazu, dass Gemeinschaft ganz intensiv erfahren werden konnte. Immer wieder habe ich mich gefragt, ob es mir auch gelingen würde, mitten im Leben innerhalb weniger Monate wirklich *Ja* zum Sterben sagen zu können. Diese Frage bleibt. Im Einüben des alltäglichen Loslassens halte ich sie wach, vertrauend, dass ich zu gegebener Zeit in die Antwort hineinwachsen werde. Loslassen, damit die verbindenden Erfahrungen, die gemeinsamen Erlebnisse bleiben. Beide Frauen drückten denselben tröstenden Glauben aus: „Ich werde weiterhin mit euch sein, einfach anders!"

Dies ist auch meine tiefste Überzeugung. Sie lässt mich meine Trauer ernst nehmen und ausdrücken, damit durch die Trauer hindurch eine neue, tiefere Beziehungsebene in Gott wachsen kann. Das ist ein Prozess, der Zeit braucht – umso mehr, je näher mir der sterbende oder verstorbene Mensch war oder ist, je größer vielleicht auch meine Wut, meine Verzweiflung und meine Trauer ist. Loszulassen angesichts des Todes ist eine der größten Herausforderungen des Lebens. Ich lerne, mit ihr umzugehen:

Wenn ich Menschen in Grenzsituationen des Lebens begegne, in Krankheit, Unfall, mit Behinderungen und angesichts des Sterbens, übe ich ein, dass ich nichts tun muss, sondern dass mein Dasein genügt, so wie ich bin. Dieses Mitsein ist uns abhanden gekommen und wir verlieren dadurch eine hoffnungsstiftende Lebensqualität. Wir können sie wieder finden.

Wenn ich in meiner Familie oder meinem Freundeskreis dem Sterben begegne, bin ich zunächst einfach da. Ich setze mich aber auch durch Bücher, Vorträge, Gespräche mit diesem Lebensthema auseinander, damit ich fähig werde, darüber zu sprechen. So bereite ich mich auch selber auf mein Sterben vor, indem ich anderen helfe, mit all den verschiedenen widersprüchlichen Gefühlen nicht alleine zu bleiben.

Nach dem Tod eines Menschen finde ich mit anderen zusammen Möglichkeiten, meine Trauer auszudrücken; Rituale können eine Lebenshilfe sein. Ich gehe zum Beispiel an den Ort, an dem mich kraftvolle Erfahrungen mit dem oder der Verstorbenen verbinden und ich sage immer wieder laut den Namen: „... ich lasse dich, damit du mir bleibst."

In Trennungs-, Abschieds- und Scheidungssituationen verinnerliche ich das Sterben in meinem Leben, indem ich den Schmerz, die Trauer und Wut ausdrücke und durch Rituale versuche loszulassen. Eine wiederholende Geste kann da hilfreich sein. Ich gehe zum Beispiel an einen Bach, einen Teich und lege ein Blatt oder einen Stein ins Wasser mit den Worten: „... ich lasse dich. Werde, der / die du bist."

Ich besuche regelmäßig einen Friedhof, um das Sterben mehr annehmen zu können in meinem Leben. Diese Grundhaltung soll mir ermöglichen, noch intensiver, dankbarer im Hier und Jetzt zu leben.

Loslassen
sterben und werden
im Annehmen von Enttäuschungen
damit sie verwandelt werden können

Loslassen
sterben und werden
im Begleiten von Sterbenden
die mich intensives Leben erfahren lassen

Loslassen
sterben und werden
all das Bruchstückhafte
dir zur Vollendung anvertrauen

Loslassen
sterben und werden
in dich hineinsterben
um in dir neu geboren zu werden

Engagierte Gelassenheit

Loslassen, Gelassenheit hat nichts zu tun mit oberflächlichem „Cool-sein", das uns in der Werbung immer angepriesen wird. Vielmehr weiß ich, dass ein gelassener Mensch das Leben in seiner ganzen Fülle spürt, im Staunen, Unzufriedensein, Hoffen, Zweifeln, Lachen und Weinen – all diese Gefühle muss er erst einmal wahrnehmen, um sie wieder lassen zu können. Jesus war ein Mensch, der unermüdlich und bis zuletzt, zum Loslassen seines Lebens am Kreuz, an das Gute im Menschen glaubte. Darum empörte und wehrte er sich gelassen für die Rechte der Kleinen, Geschundenen, Missbrauchten. Mit voller Macht war er heilend da, brachte sich ein, weil er sich zurücknahm und all sein Sein und Tun in Gott verwurzelte. Weil er aus ihm lebte, konnte er sich einlassen auf die brennenden Fragen seiner Zeit. Weil er nichts zu verlieren hatte und aus der inneren Freiheit des Angenommenseins vor aller Leistung lebte, konnte er mit hartnäckiger Gelassenheit Konflikte wagen und Partei ergreifen für die Vergessenen. Darin ist er mir Vorbild.

Er ermutigt jede und jeden zum aufrechten Gang, um die eigene Einmaligkeit zu entdecken, damit ich sie auch jedem Menschen zugestehen kann. So entsteht engagierte Gelassenheit im Einlassen und Loslassen. Es ist eine Lebenseinstellung, die ich nie im Griff haben werde, sondern die im Auf und Ab des Lebens erfahrbar ist. Diese engagierte Gelassenheit lässt mich daran glauben, dass für mich, für andere, für die Welt Verwandlung möglich ist – und so Versöhnung.

Lassen
welch ein sehnsüchtiger Schrei in mir
mehr lassen zu können

Menschen zu lassen
mich zu lassen
meine Zukunft zu lassen
Gott zu lassen
engagierte Gelassenheit
entfalte dich in mir

Voll Dankbarkeit
loslassen können
tiefes Geschenk
nicht verhärtet zu sein
wie bisher
für etwas
loslassen
nicht gegen etwas

Mich engagieren
du bist allerinnerste Mitte
damit ich einfach sein kann

III | VERSÖHNEN

Zugang zu den eigenen Aggressionen finden

Ich bin in Straßburg und sitze in der „Neuen Kirche – Église du Temple Neuf" beim Grabstein von Johannes Tauler. Ein Gefühl der Dankbarkeit und Verbundenheit erfüllt mich: Diesem Mystiker verdanke ich viel.

Von seiner Lebensgeschichte wissen wir wenig. Um das Jahr 1300 wird er als Sohn einer begüterten Bürgersfamilie in Straßburg geboren. Etwa 1315 tritt er in das dortige Dominikanerkloster ein und wird im Laufe der Jahre ein berühmter Prediger. Seine Predigten sind das Einzige, was von ihm überliefert ist. Seine Gedanken, seine Mystik ist geprägt von Meister Eckhart, den er sehr wahrscheinlich in Köln gehört hat. Am 16. Juni 1361 stirbt Johannes Tauler.

Ich bin diesem Mystiker begegnet, als ich eine persönliche Krise erlebte; und ich habe erfahren, dass auch er in der Mitte seines Lebens eine große Lebenskrise hatte – und dass sie ihn zum mystischen Menschen werden ließ, einem Menschen, der in allen Ereignissen des Lebens die göttliche Spur entdeckt.

Darum spricht er für mich in seinen Predigten so glaubwürdig vom Zu-Grunde-Gehen. Genau das war es, worum es auch bei mir ging: meinem Leben auf den Grund gehen, um mich wirklich damit versöhnen zu können. Denn tief in mir wusste ich schon lange, dass Versöhnung bedeutet, einen neuen, befreiteren Zugang zu meinen versteckten Aggressionen, zu meinem unterdrückten Ärger, zu meiner Wut zu finden. Ich hatte große Angst davor – was würde mir begegnen?, wie würde ich mir, wie würden andere mir begegnen? –, doch die Sehnsucht, meinen Aggressionen auf den Grund zu gehen, war größer. Dazu gehörte aber auch, Idealbilder von mir und anderen sterben zu lassen, um echte Versöhnung erfahren zu können.

Die Mystik von Johannes Tauler lebt aus der Hoffnung, dass in diesem inneren Versöhnungsprozess der göttliche Kern im Menschen zum Vorschein und zum Leuchten kommen kann, dass, in seiner Sprache, „Christus neu in mir geboren wird". Dies geschieht mitten im Alltag:

Wenn ich einübe, all meine Gefühle wahrzunehmen und auszuhalten: denn nur so können sie verwandelt werden. Dazu braucht es die beharrliche Geduld mit mir selber.

Wenn ich jedem Menschen Verwandlung zugestehe, besonders auch jenen, mit denen ich mich schwertue. Dies geschieht in einer wohlwollenden Spiritualität der Konfliktfähigkeit.

Wenn ich die verbindende Kraft des ganzen Kosmos entdecke und staunend mit anderen eine ökologische Achtsamkeit entfalte.

Davon soll in diesem Kapitel entlang einiger Worte von Johannes Tauler die Rede sein; als Ermutigung, den ureigenen spirituellen Weg auch als weltweiten Versöhnungsweg zu sehen. Das Motiv der Versöhnung findet sich auch in vielen Romanen und Filmen. Ich entdecke es in dem preisgekrönten Film „*A Beautiful Mind* – Zwischen Genie und Wahnsinn" von Ron Howard, in dem die Versöhnung mit der eigenen

Biografie im Zentrum steht. Der Film geht von einer wahren Geschichte aus: Ein brillanter Mathematiker erkrankt in jungen Jahren an paranoider Schizophrenie, erholt sich teilweise und erhält 1994 als über Sechzigjähriger den Nobelpreis. Im sorgfältig inszenierten Drama begegne ich der Geschichte von John und Alicia Nash. Der Film nimmt mich mit in die Welt der Schizophrenie, indem ich als Zuschauer über weite Strecken des Films nicht weiß, welche Personen real sind und welche „nur" im Inneren von John Nash existieren. Er lernt durch jahrelange Arbeit den inneren Stimmen Einhalt zu gebieten, er kann ihnen Grenzen setzen, doch er wird sie nicht los. Ich kann daraus lernen, dass auch ich schwierige Persönlichkeitsanteile integrieren kann, obwohl sie immer zu mir gehören werden. In diesem Film haben mich zwei Sätze sehr berührt. Beim Besuch eines ehemaligen Arbeitskollegen sagt John: „Ich habe keine Wahl, ich bin gefangen mit mir!" Damit drückt er die Erfahrung aus, dass wir nicht vor unserer Geschichte, vor unserer Sozialisation davonlaufen können. Zugleich sagt seine Frau, die ihn durch viele Hochs und Tiefs unterstützt hat: „Ich brauche den Glauben, dass Außerordentliches möglich ist." Beide Erfahrungen gehören zu einem echten Versöhnungsweg: annehmen dessen, was ist, damit ich es gestalten kann und in vielen kleinen Schritten Wunder geschehen können. In diesem Spannungsfeld bewegt sich auch die folgende Meditation.

Zu-Grunde-Gehen
dem Leben ins Gesicht schauen
echter Versöhnung eine Chance geben

Zu-Grunde-Gehen
unangenehme Seiten in mir annehmen
um sie verwandeln zu lassen

Zu-Grunde-Gehen
Idealbilder von mir loslassen
um authentische Konflikte wagen zu können

Zu-Grunde-Gehen
dir begegnen
als tiefstem Grund meines Seins

Zu-Grunde-Gehen
mehr Mensch werden
weil du Christus in mir neu geboren wirst

Zu-Grunde-Gehen
um aufrechter und selbstbewusster
an einer gerechteren Welt mitzugestalten

Durch dich

Sich mit der eigenen Geschichte versöhnen

"Das Pferd macht den Mist in dem Stall, und obgleich der Mist Unsauberkeit und üblen Geruch an sich hat, so zieht dasselbe Pferd denselben Mist mit großer Mühe auf das Feld; und daraus wächst der edle schöne Weizen und der edle süße Wein, der niemals wüchse, wäre der Mist nicht da. Nun, dein Mist, das sind deine eigenen Mängel, die du nicht beseitigen, nicht überwinden kannst, die trage mit Mühe und Fleiß auf den Acker des liebreichen Willens Gottes in rechter Gelassenheit deiner selbst. Streue deinen Mist auf dieses edle Feld, daraus sprießt ohne allen Zweifel in demütiger Gelassenheit edle, wonnigliche Frucht auf."

Ein sehr eindrückliches Bild, das Johannes Tauler hier verwendet.[17] Ich entdecke darin den Zuspruch, dass ich mit all meinen Schattenseiten sein darf, weil auch daraus etwas Gutes entstehen kann, wenn ich bei ihnen und in meinem Ärger über sie oder meiner Ungeduld mit ihnen nicht haltmache, sondern sie „hinaustrage auf den Acker des Willens Gottes". Es bedeutet für mich, alltäglich all meine Gefühle und Gedanken wahrzunehmen, um sie verwandeln zu lassen.

Dieser Verwandlungsprozess ist nicht einfach; zu ihm gehört, an sich selber, dem eigenen Charakter, der eigenen Persönlichkeit zu arbeiten – in dem Wissen, dass dieser Prozess notwendig und gleichzeitig nicht machbar ist. Ich begegne in ihm auch meinem Ärger, meinen Aggressionen, meiner Wut. Diese Gefühle gehören zu meinem Leben und sie brauchen Raum zur Entfaltung, wenn ich lebendig bleiben will. Zur Lebendigkeit gehört das Jasagen zur eigenen Geschichte in den verschiedenen Phasen des Lebens. Es ist ein Ja, das – davon bin ich überzeugt – Gott seit meiner Geburt in meine Existenz hineingelegt hat und nie mehr zurücknimmt. Ein Ja, das Christen in der Taufe feiern und das jeden Tag neu in mein Leben hineingesprochen werden kann und muss, im Schweigen und in den Begegnungen. Ein Ja, das ich erfahre im Entfalten meiner Fähigkeiten und im Annehmen meiner Grenzen.

Da liegt der wahre Grund der Versöhnung mit mir und meiner Geschichte. Dies betrifft vor allem auch jene Menschen, denen Widerwärtiges und Gewaltvolles in ihrem Leben, zum Beispiel in ihrer Kindheit, widerfahren ist. Es betrifft jeden Menschen, der sich ehrlich eingesteht, dass auch „Mist und Mängel" zu seinem Leben gehören. Dieses behutsame und bestimmte Annehmen der eigenen Grenzen und der Grenzen der anderen ist für mich das Ziel eines Versöhnungsprozesses. Letztlich gehört dazu das Jasagen zur eigenen Vergänglichkeit, zum Sterben. Ein schwieriger Weg, und er kann – je nachdem, wie die eigene Geschichte verlaufen ist – viel Zeit brauchen.

Nach langem intensivem Ringen erahne ich selbst bei mir etwas von dieser Versöhnung. Ich kann mich versöhnen mit meiner Biografie, wenn ich den Vollkommenheitsanspruch aufgebe, der mich dauernd überfordert. Mir sind auf diesem Weg die Geschichten vieler biblischer Personen zur Lebenshilfe geworden. Denn sie werden von Gott nicht ausgewählt und angesprochen, weil sie eine große Karriere und viel Erfolg aufweisen können. Nein, ihr Angesprochenwerden geschieht in einer Weise, die eine auch in jedem und jeder von uns liegende tiefe Sehnsucht widerspiegelt: die Sehnsucht, trotz vieler Widersprüchlichkeiten und Unglaubwürdigkeiten angenommen zu sein, vor allem Tun und aller Leistung.

Dieses grundsätzliche Angenommensein ist kein Freipass für unverantwortliches Handeln. Ganz im Gegenteil, dieses Sein-Dürfen mit Licht und Schatten eröffnet eine verantwortungsvolle Ethik, bei der die Rechte jedes Menschen und die Bewahrung der Schöpfung aus innerer Überzeugung und nicht aus Angst und mit dem Ausdruck lebensverneinenden Moralins gefördert werden.

Dieses Jasagen zu mir und zu meiner Geschichte wird mir zur Lebensaufgabe, besonders in den Grenzsituationen des Lebens und in Situationen, in denen meine Pläne durchkreuzt werden. Das im christlichen Glauben zentrale Geschehen von Kreuz und Auferstehung ist für mich Grund tiefster Versöhnung mit mir, mit dem Leben, mit Gott: Denn der Kreuz- und Auferstehungsweg Jesu zeigt, dass es keine Liebe ohne das Leiden gibt. Leiden, das wir mit all unserer Kraft verhindern und zugleich in unser Leben integrieren müssen.

Mir verzeihen können

Mich versöhnen mit mir selbst heißt, mir verzeihen können. Dies wird nur möglich, wenn ich auch vor mir selbst nicht perfekt sein muss und mir eingestehe, dass Fehler, Scheitern, Widersprüchlichkeiten zu meinem Leben gehören. Je mehr ich auch vor anderen zu meinen Grenzen stehen kann, umso besser können sie damit umgehen. Dadurch geschieht Verwandlung: wenn ich zu meinem „Mist" stehe und darüber rede, ihn „hinaustrage", um mit mehr Distanz ihn anzusehen, damit ich sogar daran wachsen und reifen kann.

Eine konkrete Übung hilft mir dabei:
Ich zeichne meinen „Lebensacker" auf ein großes Blatt Papier und nehme mir über einen bestimmten Zeitraum immer eine Stunde pro Woche, in der ich den „Mist" meines Lebens auf diesen Acker aufzeichne. Ich versuche, diesen „Mist" zu benennen durch ein Stichwort oder ein Symbol. Schon dadurch geschieht Verwandlung. Wenn Menschen bedroht sind und das Chaotische, das Dia-bolische („Zer-rissene") sie zu sehr bestimmt, dann ist ein Name, ein Symbol (das „Zusammengeführte") hilfreich, damit es gestaltet und letztlich verwandelt werden kann. Ein solches Benennen von diffusen Gefühlen und Haltungen geschieht auch in vielen Märchen und Legenden. Ich gebe also dem Mist meines Lebens eine Ausdrucksform.

In einem zweiten Schritt versuche ich rückblickend zu sehen, was trotz aller Zerbrechlichkeit und Schuld (die nie verdrängt werden darf) an Kraft- und Hoffnungsvollem wachsen konnte. Auch diese Wirklichkeit zeichne ich auf die verschiedenen Misthaufen meines Lebensackers ein. Dabei bin ich nicht überrascht, wenn ich nicht überall sehen kann, ob und wie ich an der Begrenztheit meines Lebens wachsen konnte. Vielleicht nehme ich das Bild ein Jahr später wieder zur Hand und ergänze es, z. B. rund um meinen Geburtstag. Durch den Austausch in der Partnerschaft, in einer mir vertrauten Gruppe oder in der persönlichen Begleitung kann ich durch das Echo der anderen Seiten in mir entdecken, die ich selber noch nicht wahrgenommen habe.

Mich mit meiner Geschichte versöhnen

Die Versöhnung mit meiner Biografie kann ein schmerzvoller Weg sein – eine Gratwanderung zwischen beharrlicher Geduld und einfühlsamer Entschiedenheit, mein Leben in die Hand zu nehmen. Indem ich meine Geschichte aufschreibe, drücke ich aus, was mich geprägt hat. Dadurch schaffe ich eine gute Distanz, die mir nebst vielem Negativen auf einmal auch die positiven Seiten in Erinnerung ruft. Viele ältere Menschen erzählen mir, wie befreiend es für sie ist, im hohen Alter ihre Lebensgeschichte aufzuschreiben – auch wenn dabei viele Tränen fließen können. Da, wo ich nichts beschönige, kann ich auch neu entdecken, wie viel mir geschenkt ist.

Doch dazu braucht es die Offenheit, auch die «blinden Flecken» meiner Biografie sehen zu wollen; alleine ist dies kaum möglich. Niemand kann sich alleine mit seiner Geschichte versöhnen. Wir brauchen die gegenseitige Unterstützung und Solidarität – hilfreich ist:

===

Miteinander darüber zu reden, wie es jedem und jeder geht, in der Familie, im Freundeskreis, in der Gemeinschaft, in Frauen- oder Männergruppen eine persönliche Austauschkultur fördern. Es braucht eine lebensfördernde Struktur, in der es auch jemanden gibt, der oder die dafür sorgt, dass jeder und jede sich auf eigene Weise ausdrücken kann. Die Regelmäßigkeit (einmal pro Woche beim Kaffee/Dessert oder zu Beginn des Treffens) hilft, ein Klima des Vertrauens zu fördern.

Schwerwiegende Erfahrungen in meiner Geschichte können durch den regelmäßigen Besuch einer Selbsthilfegruppe (zum Beispiel bei Themen wie Sucht, sexuellem Missbrauch, Krieg, Mobbing) aufgearbeitet werden. Dort kann ich erfahren, dass ich nicht alleine bin, und ich lerne durch andere, wie innere Heilung möglich wird.

Die persönliche Begleitung und / oder eine Psychotherapie sind not-wendig, wenn ich längst verdrängte Erfahrungen zum Vorschein bringen möchte, damit sie mich nicht im Unbewussten bestimmen und mich in Fixierungen und Blockierungen stecken bleiben lassen.

Annehmen

Tiefste Versöhnung mit mir geschieht in der Annahme meines Sterbens. Wir alle machen die Erfahrung eines alltäglichen Sterbens – es geschieht in kleinen und größeren Enttäuschungen. Ich kann lernen, realistisch anzunehmen, dass nie alles so läuft, wie ich mir das wünsche. Auch wenn ich mein Bestes tue, wird es immer begrenzt sein, und das darf so sein. Ja sagen zum Leben heißt Ja sagen zum Sterben.

In der christlichen Tradition wird uns Menschen im Sakrament der Versöhnung zugesprochen, was immer schon tiefste Wirklichkeit ist: das versöhnende Entgegenkommen Gottes, damit wir alltäglich neu anfangen können. Gerade in Zeiten, wo wir uns verletzlich und dünnhäutig fühlen und spüren, was wir uns selber, anderen und dadurch auch Gott schuldig geblieben sind, brauchen wir versöhnende Vertrauenszeichen. Im persönlichen Feiern des Sakramentes und in Versöhnungsfeiern in der Gemeinde hören wir erneut, was unsere tiefste Sehnsucht ist: das Ja des Lebens an uns, Gottes Ja, das nie mehr zurückgenommen wird.

Hingabe leben
weil ich weiß
dass ich angenommen bin
und liebenswert
auch in all meiner Zerbrochenheit

Ja sagen zu meiner Geschichte
weil ich keine andere habe
und trotz allem
unendlich viel Gutes wachsen konnte
auch in allem Verletztsein

Nicht mehr dem Vergangenen nachtrauern
und nicht von den Zukunftssorgen mich
bestimmen lassen
sondern im Augenblick
Licht und Schatten annehmen

Aufatmen
weil ich mich lassen kann
dir überlassen

Versöhnung mit dir selber
wünsche ich dir
jene tiefe Selbstannahme
die sich ereignet
im Jasagen zu deinen Gaben
und Begrenzungen

Versöhnung mit dir selber
wünsche ich dir
jene tiefe Einsicht

deinem Verhalten auf den Grund zu gehen
um dich besser verstehen zu können

Versöhnung mit dir selber
wünsche ich dir
jenes Wohlwollen
dir Fehler und Scheitern einzugestehen
weil du auch daran wachsen und reifen kannst

Versöhnung mit dir selber
wünsche ich dir
im Integrieren deiner Behinderungen
damit deine Verletzungen aus der Tiefe
heilen können

Versöhnung mit dir selber
wünsche ich dir
jene Momente des Glücks
in denen du die göttliche Spur
in deinem Leben entdeckst und feierst

Die heilende Zelle
in mir betreten
mir Freiraum verschaffen
angstbesetzte Seiten aufweichen
mir helfen lassen
andere Anteil nehmen lassen
an mir und meinen Gefühlen
innere Befreiung mir schenken lassen

Unvollkommen sein dürfen
nichts mehr beweisen müssen

nichts mehr zu verlieren haben
authentisch sein
im Hier und Jetzt

Momente des Erahnens
dass Loslassen möglich ist
sogar bei mir

Zu-Grunde-gehen
ich komme nicht mehr
um diese Dimension des Urvertrauens herum

Idealbilder von mir loslassen
zu-mir-stehen
mich verwandeln lassen

Endlich aufschreien können
mich gehenlassen
um innerlich ja sagen zu können
zu mir
aus tiefstem Herzen

Nicht mehr weiter nur
von Befreiung reden
von Erlösung schreiben
sondern sie an mir
geschehen lassen

Die eigenen Polaritäten annehmen

> *"Alle Menschen suchen Frieden und suchen ihn überall, in Werk und Weise. Ach, könnten wir uns dem entreißen und Frieden im Unfrieden suchen – da wird allein wahrer Friede geboren, bleibend von Dauer; was du anders suchst, darin irrst du, selbst wenn du Friede wahrnähmest – und Freude in Trauer suchen, Gelassenheit in Unbeständigkeit und Trost in Bitterkeit."*

Worte von Johannes Tauler, die mich vor Jahren aufhorchen ließen [18] – erst jetzt kann ich sie auch vom Gefühl her bejahen. So bin ich fast selber erstaunt, wenn ich in mein Tagebuch schreibe: „Ich bin dankbar für mein Leben. Ich bin glücklich, weil ich jeden Tag versuche neu anzunehmen, dass das Unglücklichsein zu meinem Leben gehört." Ein echter Versöhnungsweg ist geerdet in der Realität, dass ich Zufriedenheit finde, wenn ich annehme und alltäglich einübe, mit dem Unfrieden in mir und um mich herum umgehen zu können. Dies bedeutet, den Dualismus zu überwinden – den Dualismus der Erwartung etwa, mein Leben könne nur glücklich sein, wenn alle meine Wünsche erfüllt werden, wenn ich kein Leid erfahren muss. Außer Texten aus der christlichen, biblisch-mystischen Tradition sind mir dabei auch die Erkenntnisse der Psychologie hilfreich. Ein neuer Umgang mit unseren Aggressionen, unserem Ärger und unserer Wut ist dabei wichtig. Bei dem Pastoralpsychologen

Karl Frielingsdorf habe ich entdeckt, dass die ursprüngliche Bedeutung des Wortes Aggression auf das lateinische Wort *aggredi = ad-gredi* zurückgeht, was bedeutet: „auf jemanden zugehen, herangehen, in Beziehung zu jemandem treten" – und so lautet der Titel seines Buches auch „Aggression stiftet Beziehung. Wie aus destruktiven Kräften lebensfördernde werden können". Zu Recht unterscheidet er zwischen zerstörerischen, unterdrückten und lebensfördernden Aggressionen. Den Grund für das abwertende Verständnis von Aggressionen sieht er in den griechischen Einflüssen der Leibfeindlichkeit, die dem Menschenbild von der Leib-Seele-Einheit entgegenstehen: „Der Leib wird als Ort der Sünde gesehen. Gefühle aller Art, insbesondere Ärger, Hass, Wut und Zorn werden bei Paulus an einigen Stellen pauschal mit sündigem Verhalten gleichgesetzt (Epheser 4,31f; Kolosser 3,8ff; Galater 5,19ff). In diesen Texten drückt sich eine dualistische Tendenz aus, die den Gefühlen wie Zorn, Ärger, Wut die Sanftmut, Liebe und Freundlichkeit als Ideal christlicher Vollkommenheit gegenüberstellt. So war es wichtig, die aggressiven Antriebskräfte von Wut, Zorn und Ärger gar nicht erst ‚hochkommen' zu lassen. Daraus entwickelten sich dann Unterdrückungs- und Verdrängungsmechanismen, um dem christlichen Ideal ‚gerecht' zu werden. Über allem stand das Motto: Die Kontrolle behalten, sich beherrschen."[19]

In diesen Worten finde ich mich und meine christliche Sozialisation gut wieder. Ich entdecke sie auch bei vielen Menschen, die ich spirituell begleite und die sich schwertun mit ihren Aggressionen und ihrem Ärger. Worte aus der Bibel wie „Über eure Lippen komme kein böses Wort ... jede Art von Bitterkeit, Wut, Zorn, Geschrei und Lästerung und alles Böse verbannt aus eurer Mitte" (Epheser 4,29.31) bergen in sich die Gefahr, diese Gefühle abzuspalten – und sich schuldig zu fühlen, wenn sie trotzdem aufkommen.

„Friede im Unfrieden zu suchen", wie Tauler es nahelegt, befreit mich von diesem hohen Anspruch, keine Bitterkeit mehr spüren zu sollen. Überall, wo mir oder anderen Unrecht geschieht, da meldet sich meine Aggression als tiefe Lebenskraft – und es gilt sie zu gestalten im Fördern der guten Energie, die darin sichtbar wird. Sich auf das Leben einzulassen kann nicht ohne negative Gefühlsregungen geschehen. Wie wichtig ist es dabei, immer wieder spirituell zu verinnerlichen, dass ich mich auf einem Versöhnungsweg befinden kann, wenn ich Aggressionen spüre. Denn nur wenn sie sein dürfen, kann ich darin ihren Ursprung entdecken und sie verwandeln lassen. Und der erste Schritt der Verwandlung geschieht, indem ich die Polaritäten in mir annehme. So kann mein Selbstwertgefühl gestärkt werden, damit ich mich selbst-los für echte Versöhnung einsetzen kann.

=====

Konkret übe ich das, indem ich ein ganzheitliches Menschenbild fördere, zu dem zunächst alle Gefühle gehören – sie dürfen sein, weil ich sie nicht wählen kann und sie erst im Annehmen gestaltet werden können. Dieses Wohlwollen ist entscheidend im Entdecken eines neuen Zugangs zu meinen Aggressionen. Es bedeutet nicht, ihnen freien Lauf zu lassen, sondern mich in ihnen ernst zu nehmen, ihnen im Malen, Sport, Singen, Tanzen, Schreiben Ausdrucksmöglichkeiten zu verschaffen, damit ich sie nicht gegen mich selber und auch nicht direkt gegen andere richte. Dabei hilft mir das Bild des „Umarmens des Ärgers" (Thich Nhat Hanh), der Achtsamkeit meinen Regungen gegenüber, damit ich sie lassen, loslassen, Gott überlassen kann.

Das Umarmen meiner Wut, meiner Aggressionen, meines Ärgers wird noch deutlicher, wenn ich in Dialog trete mit dieser

Seite in mir und meiner Wut einen Brief schreibe. So zum Beispiel:

„Sehr geehrte Wut!
Ob dies die richtige Anrede ist? Sollte ich es nicht doch wagen zu schreiben „Liebe Wut"? Oder vielleicht beides? Wie auch immer, was längst ansteht, tue ich nun: ich schreibe DIR. Jahrzehntelang warst du mir fremd und ich hatte große Angst vor dir. Ich war überzeugt, dass du sicher nicht in mir anzutreffen bist. Ich begegnete dir höchstens durch andere Menschen, die ihre Wut ausdrückten durch eine lautere Stimme oder sogar einen Wutanfall. Auch sie machten mir Angst und ich fühlte mich unwohl und mied solche Menschen.

Zu Beginn meines Lebens warst du mir noch vertrauter. Ich habe viel gestritten und du hast mir oft geholfen mich zu wehren, vor allem für andere. Doch je älter ich wurde, umso mehr habe ich mich entfernt von dir, weil ich lernte, dass du gefährlich seist und Menschen trennst. Diese Überzeugung wurde vertieft durch die christliche Sozialisation, dass ein guter Christ nie wütend ist, nicht streitet, sich zurücknimmt und sich immer in die anderen hineinfühlt. Darum habe ich dich tief vergraben, und wie stolz war ich, dass es mir gelang, dich zu beseitigen! Ich war dich los!

Meinte ich! Dass du in meiner jahrelangen ArbeitsWUT einen zentralen Platz in meinem Leben einnahmst, war mir nicht bewusst. Und hätte es mir jemand gesagt, so hätte ich mit einem Lächeln diese boshafte Unterstellung zurückgewiesen.

Plötzlich hast du es dann gewagt, aus deinem Verlies hervorzutreten. Anfangs in intensiven Träumen, die mich aufschrecken ließen. Zu lange habe ich dann gekämpft gegen dich, weil du mich, mein Menschen- und Gottesbild völlig durcheinandergebracht hast. Weil ich es mir streng verboten hatte, aggressiv zu sein, wurde ich depressiv. Anstatt mich mit dir anzufreunden, um miteinander Gestaltungsformen zu finden, richtete ich die Lebenskraft, die durch dich sichtbar wird, gegen mich. Ich wurde krank. Ein mühsam-befreiender Prozess war not-wendig im Lernen zu schreien, mich auch für mich zu wehren, meinen Ärger auszudrücken. Dies entfernte mich nicht von den Menschen, sondern brachte mich ihnen näher. Obwohl ich mich immer noch schwertue mit dir, so bist du mir zur lebensfördernden Begleiterin geworden. Immer wenn du dich bemerkbar machst, hat es seinen berechtigten Grund. Dabei ist uns beiden klar geworden, dass auch dir Grenzen gesetzt werden müssen. Doch dies geschieht nicht mehr aus Angst, sondern für echte Beziehungen. Hilfreich ist auf diesem Annäherungsprozess die Erkenntnis, dass Gott sich ereifert und zornig wird, wenn die Rechte der Menschen, besonders der Kleinen, bedroht sind. Auch bei Jesus kann ich lernen, konfliktfähiger zu werden, indem ich nicht nur meine Trauer, sondern auch meine Wut spüre. Denn darin zeigt sich uns die schöpferische Lebenskraft, die entfaltet werden möchte, damit unsere Welt menschlicher und gerechter wird – auch dank dir, Schwester Wut.

                                        Pierre"

Nach einer Begegnung, die mich aggressiv werden ließ, versuche ich im „Zeitlupentempo" zu rekonstruieren, was die Ursachen dieser Aggression waren; dadurch kann ich entdecken, welche Haltungen und Werte ich vielleicht zu wenig lebe. Dieser Zugang zur konstruktiven Seite der Aggression gilt natürlich auch in den Begegnungen, in denen Menschen mir mit Aggressionen begegnen. In solchen Situationen hilft es mir, tief ein- und auszuatmen und mit meinen beiden Füßen festen Bodenkontakt zu halten, um die Eskalation der negativen Seite der Aggression zu durchbrechen. Dabei achte ich jedoch darauf, nicht alles auf mich zu nehmen. Indem ich tief ein- und ausatme, gewinne ich Distanz, die es mir ermöglicht, nur jene Aspekte des Verhaltens, die wirklich etwas mit mir zu tun haben, anzuschauen – und die anderen Gesichtspunkte bei der anderen Person zu lassen. Manchmal braucht es dazu viel Zeit. Die tägliche Meditation wird zum Versöhnungsweg, wenn ich diese wichtige Unterscheidung (was hat mit mir zu tun und was nicht) aus der Tiefe meines Seins heraus betrachte, um so echte Versöhnung wagen zu können.

Klagepsalmen aus der Bibel wie zum Beispiel die Psalmen 6, 17, 22, 31, 35, 41, 44, 60, 69, 109, 130, 142 ermutigen, das Ringen, Schreien, Fluchen, Hadern zum Ausdruck zu bringen, weil Gottes Herz größer ist als wir selbst und er uns immer zu mehr Lebendigkeit führen will. Darum habe ich alle biblischen Psalmen aktualisiert, weil sie meine Spiritualität sehr prägen.[20] Dabei ist es für mich wichtig, zwischen Jammern und Klagen zu unterscheiden. Jammern heißt, in der Opferrolle bleiben, sich der Konfrontation letztlich nicht stellen, dauernd hinter dem Rücken der anderen schlecht über sie reden, nichts verändern wollen. Klagen dagegen ist ein Ausdruck des Aufstandes für das Leben, wie er für mich exemplarisch im Leben Jesu, in seinem Engagement, seinem Schrei am Kreuz und seiner Auferstehung sichtbar wurde.

Eine Klagewand in der Wohnung wird zur Lebenshilfe: darauf können ich und andere das Jahr hindurch Not, Empörung, Ekel aufschreiben. Ein spiritueller Versöhnungsweg lebt von der Grundhaltung, ein Leben lang in der Aggression den Schrei nach Gerechtigkeit zu entdecken, der uns in die Nähe aller Gefolterten, aller Hungernden, aller Kriegsopfer führt. Die Gefangenenhilfsorganisation amnesty international ermutigt seit Jahren dazu, sich durch das Schreiben von Protestbriefen an Regierungen in aller Welt auf diesen Weg des Klagens und des Aufstandes für das Leben zu machen. Unzählige Menschen werden dank dieser Versöhnungsaktion befreit. Die versöhnende Gerechtigkeit erhält dadurch ihr Gesicht. Ich entdecke von meiner christlichen Tradition herkommend in all diesen Gesichtern den leidenden und auferstandenen Christus. Seine Gegenwart wird spürbar, wenn wir einen neuen Zugang zu unseren Aggressionen finden.

Wut und Trauer sind Schwestern. Diese Lebensweisheit hilft mir, wenn ich mit jemandem zu tun habe, der oder die immer „nur" weint. Dahinter kann das innere „Verbot" stehen, sich zu ärgern, seine Emotionen auszudrücken. Und umgekehrt: wenn jemand schnell wütend wird, gilt es, die feine Seite des Trauerns zu fördern. Denn durch die Tränen geschieht Erlösung, ein Lösen der destruktiven Kraft, die in der Wut sein kann.

Meine Aggressionen nicht mehr
gegen mich selber richten
meine Lebenskraft entdecken
die sich darin zeigt und mehr
Entfaltung erfahren möchte

Falsche Schuldgefühle loslassen
im Verabschieden von der Vorstellung
keine Bitterkeit und keinen Unfrieden
mehr zu spüren im Leben

Durch dich
Leben in Fülle erfahren
im alltäglichen Suchen
von Frieden im Unfrieden
von Freude in Trauer
von Gelassenheit in Unbeständigkeit
von Trost in Bitterkeit

Mit dir
mehr Mensch werden
jeden Tag neu

Sich mit anderen versöhnen

„Das ist der unsagbar schlimme Hang, andere Menschen zu verurteilen, der sich in der Natur des Menschen findet und dessen viele ganz voll sind. Dieser Hang ist so recht im Menschen verwurzelt, einen anderen stets bessern zu wollen und sich selbst oft nicht bessern zu können. So sehr neigt der Mensch zur Verurteilung anderer: einer spricht ihm zuviel, ein anderer zu wenig, der isst ihm zuviel, jener nicht genug, dieser weint zuviel, jener sollte mehr weinen; in allen Dingen findet sich dieses todbringende Verurteilen, und begleitet ist es im Herzen und im Grund von einer tiefen Verachtung, die sich zuweilen nach außen im Benehmen und in Worten kundtut ... Was weißt du denn vom Wesen deines Nächsten?" [21]

Eine ernste Frage, die Johannes Tauler da seinen Zuhörerinnen und Zuhörern stellt. Die Achtung vor jedem Menschen verweist mich auf den Geheimnischarakter des Lebens und auch von Gott selber. In unseren Beziehungen versuchen wir das Wesen der anderen zu erahnen, zu ertasten. Dabei machen wir uns ein Bild von ihnen. Erste Eindrücke prägen die Begegnung mit einem Menschen, den wir noch nicht kennen. Es gehört zu unserem Leben, dass wir versuchen, uns mit Symbolen und Bildern zurechtzufinden. Auch in dieser Erfahrung will uns Johannes Tauler auf den Grund führen. Darum stellt er uns eindringlich die Frage:

Mit welcher Grundhaltung begebe ich mich in Beziehungen hinein? Die Gefahr des Be- und Verurteilens ist offensichtlich. Unterschwellig spielt dabei vielleicht die Vorstellung mit, dass ich den andern ändern könnte.

Einen Versöhnungsweg gehen heißt für mich, Schritt für Schritt in die Grundhaltung hineinzuwachsen, dass ich den andern nicht ändern kann. Es ist nicht Fatalismus, der mich das sagen lässt, sondern die wachsende Überzeugung, dass meine Versöhnungsarbeit darin liegt, einen neuen Zugang zu dieser Person zu finden. Das beginnt bei mir und beim Ernstnehmen meiner Aggressionen, meines Ärgers, meiner Wut. Darin liegt der erste Schritt zur Versöhnung. Er führt zu einer Kultur der Konfliktfähigkeit, in der ich lerne, von mir zu reden, sogenannte Ich-Botschaften zu geben. Die Psychotherapeutin Verena Kast sieht in ihrem Buch „Vom Sinn des Ärgers"[22] im Ärger den Anreiz zur Selbstbehauptung und Selbstentfaltung. Dieses Recht gilt es natürlich jedem Menschen zuzugestehen. Verwandlung geschieht allerdings nicht ohne „Reibungs- und Häutungsprozesse". So wie es auch zum Wachstums- und Reifungsprozess nicht nur einen Schonraum braucht, sondern auch die Erfahrung des Grenzensetzens, der Konfrontation. Alltägliche, echte Versöhnung lebt vom Spüren und Ausdrücken dieser Grenzen; so kann ich bis zur letzten Sekunde meines Lebens an das Gute im Menschen glauben.

In der offenen Klostergemeinschaft von drei Generationen, in der ich lebe, erinnern wir einander immer wieder, dass das An- und Austragen von Konflikten ein Ausdruck der Wertschätzung ist. Die Verachtung, von der Tauler spricht, kann subtil wachsen, wenn ich meinen Ärger unterdrücke. Verena Kast spricht von den passiven Aggressionen, die ich dann an meinen Körper delegiere und damit gegen mich richte. Das Schweigen in Konfliktsituationen kann eine passive Aggression sein. Verena Kast schreibt: „Wer neigt zum Verstummen als passiver Aggression? Es sind zum einen Menschen, die nicht gehört worden sind in ihrer Kindheit oder nicht so, wie sie gehört werden wollten. Menschen, die auch erlebt haben, dass es keinen Sinn hat, eine Auseinandersetzung zu wagen, weil es gar keine Auseinandersetzung gibt, sondern bloß Dominanz und Unterwerfung und sie am Schluss ohnehin die sind, die verlieren. Deshalb verweigern sie sich der Auseinandersetzung. Das Stummsein ist eine ausgesprochen weitgehende Verweigerung, sie entstammt der Resignation, dass die Kommunikation sowieso nichts Gutes bringt."[23]

Ich beginne die Spirale des Verurteilens zu durchbrechen, indem ich meine Stimme entdecke, die mich zu lebensfördernden Auseinandersetzungen einlädt. Gerade in der christlichen Tradition gilt es, jene lebensbejahenden Seiten von biblischen Menschen zu entdecken, die Versöhnung gelebt haben, indem sie Ungerechtigkeiten laut benannt haben – so wird Friede in Gerechtigkeit möglich. Bei Maria können wir diese kraftvolle Stimme entdecken, wenn sie in ihrem berühmten Loblied, im Magnifikat singt: „Gott vollbringt mit seinem Arm machtvolle Taten: Er zerstreut, die im Herzen voll Hochmut sind; er stürzt die Mächtigen vom Thron und erhöht die Niedrigen. Die Hungernden beschenkt er mit seinen Gaben und lässt die Reichen leer ausgehen" (Lukas 1,51–52). Da begegne ich einer Frau, die ihre Lebenskraft als göttliche Kraft entdeckt hat und aus diesem Vertrauen ihre Stimme erhebt. Weil sie dabei zutiefst spürt, dass dies nicht machbar ist, sondern letztlich immer Geschenk – ein altes Wort dafür ist Gnade –, gesteht sie sich ihre „Niedrigkeit" ein. Sie wird leer, um erfüllt werden zu können.

Da entdecke ich für mich die Spur, Versöhnung mit anderen zu wagen; auch da, wo ich zutiefst verletzt worden bin und ein Leben lang Verwundete oder Verwundeter bleibe. Eine Spiritualität der Konfliktfähigkeit, die zu echter Versöhnung führt, ermutigt, die Opferrolle abzulegen. Wenn ich dies nicht tue, bin ich zu sehr „außer mir" und gebe den Tätern und Täterinnen zu viel Macht. Auch im Aufruf Jesu, für seine Feinde zu beten, sehe ich die Ermutigung, meine Selbstachtung zu finden, im Entdecken meiner eigenen Lebensmacht, die sich gerade auch in meinen Verwundungen entdecken lässt. So ein Weg der inneren Heilung ist nicht machbar und manchmal braucht es dazu ein Leben lang. Es braucht dazu das Ernstnehmen des Schmerzes; denn darin steckt unglaublich viel Energie. Diese Energie trägt dazu bei, das Unrecht hinauszuschreien, damit ich letztlich verzeihen kann.

———

Konkrete Übungen helfen mir auf diesem Weg:
In meiner Familie, in meinem Freundeskreis fördere ich eine Kultur der Konfliktfähigkeit. Dazu gehört das Wohlwollen einander gegenüber, die tiefe Hoffnung, dass jeder sich alltäglich zum Guten verwandeln kann. Auf dieser Grundlage finden wir Formen, einander mitzuteilen, was uns schwerfällt aneinander, womit wir uns bei dem / der anderen schwertun. Dabei ist es wichtig zu verinnerlichen, dass Aggressionen Beziehungen stiften. Wenn ich mich in die Auseinandersetzung hineinwage, drücke ich dem anderen damit meine Wertschätzung aus.

Versöhnung ist letztlich nicht machbar. Es braucht innere Bereitschaft, manchmal auch räumliche Distanz, damit ein neuer Zugang zueinander möglich wird. Wenn wir uns bewusst dafür entscheiden, dann ist dies ein „beredtes" Schweigen. Denn während dieser Zeit der Distanz kann ich im Meditieren und Beten den oder die andere erst einmal loslassen, damit ich mit mehr Distanz und innerer Freiheit wieder neu auf sie zugehen kann. So ein Prozess kann manchmal Jahre dauern. Doch im Annehmen und Aussprechen dieser Begrenztheit bin ich schon auf einem Versöhnungsweg.

Wenn meine Emotionen sehr stark sind, dann brauche ich zunächst Ausdrucksmöglichkeiten im Sport, im Malen, Schreiben etc., bevor ich auf den oder die andere/n zugehe. Solange ich recht haben oder gewinnen will, ist gegenseitiges Verzeihen kaum möglich. Es braucht immer zwei in einem Konflikt. Solange ich nicht bereit bin, meinen Anteil zu sehen, ist ein konstruktives Gespräch schwierig. Und dann darf ich auch nie die ganze Schuld auf mich nehmen, sondern nur meinen Anteil.

Im Austragen von Konflikten und im Wagen von Versöhnung hilft mir die Erkenntnis, dass die Fehler und Mängel, die ich bei dem oder der anderen wahrnehme und ausspreche, immer nur ein Teil seiner oder ihrer Persönlichkeit sind. Auch wenn meine Wut mich mit destruktiven Bildern am Tag und im Traum konfrontiert, so erinnere ich mich, dass ich nie nur Wut bin. Diese Grundhaltung kann ich einüben, indem ich unermüdlich auf die Suche gehe nach den guten Seiten im anderen.

Du bist die Quelle aller Versöhnung
du ereiferst dich
wenn Unrecht geschieht
und ergreifst Partei für die Kleinen
lass mich mit meinem ganzen Sein erfahren
wie du meine Schritte zur Versöhnung lenkst
wenn ich mit anderen eine wohlwollende
Konfliktkultur einübe

Du bist das versöhnende Licht
du bist spürbar im Engagement von Menschen
die Frieden in Gerechtigkeit leben
und dabei sich zuerst durch dich
ihr Rückgrat stärken lassen
damit sie den ersten Schritt
des Verzeihens wagen können

Du bist der versöhnende Atem
lass mich in Konfliktsituationen
zuerst mit beiden Füßen auf dem Boden stehen
um im tiefen Ein- und Ausatmen
in Berührung zu kommen
mit dem heiligen Raum in mir
damit ich mit mehr innerer Freiheit
mich einbringen kann
ohne mich zu verlieren

Die Bergpredigt –
ein Weg zur Versöhnung

„Achtet darauf, womit ihr umgeht, während ihr in dieser Zeit lebt, und sucht das Reich Gottes, damit es gefunden und entdeckt werde im Grunde der Seele, wo es verborgen liegt, dort ist es zu erwerben. Das geht freilich nicht ohne Kampf ab; denn es wird nicht recht gefunden, wenn nicht dieses Gebrechen der Habgier zuvor abfällt, und das geschieht nicht an einem Tag ... Nehmt des Grundes in euch wahr, sucht das Reich Gottes und allein seine Gerechtigkeit." [24]

Mit diesen Worten bringt Johannes Tauler auf den Punkt, was unter einem christlich-mystischen Versöhnungsweg zu verstehen ist: das Entdecken des Reiches Gottes und seiner Gerechtigkeit in mir! Versöhnung auf der ganzen Welt fängt bei mir an und in der kraftvollen Zusage, dass das Wesentliche, das, was mich mit Gott verbindet, ja Gott selber, schon da ist. In diesem Wissen ist es möglich, die Angst, zu kurz zu kommen, zu überwinden und aus dem Habenwollen – der Habgier – auszubrechen. Ich muss nicht sein, was ich habe – ich bin. Das Kernstück der christlichen Versöhnungsbotschaft hat Jesus in der Bergpredigt (Matthäus 5–7) zum Ausdruck gebracht. Jesus geht den Ursachen der Gewalt auf den Grund. Radikal, also von der Wurzel her, entlarvt er selbstgerechtes Verhalten, indem er aufzeigt, dass jede und jeder von uns gewalttätig sein kann. Wir sollten darum nicht verurteilend auf die starren, die schlimme Verbrechen begangen haben, auf die Mörder und Ehebrecher, sondern in uns die Neigung und Anlage zum Töten, zum Treuebruch entdecken. Sie gehören zu unserem Leben; und nur wenn wir das wahrnehmen und dazu stehen, sind wir ihnen weniger ausgeliefert.

Da ist in der Bergpredigt die beeindruckende und befreiende Tatsache, dass Jesus seinen Jüngerinnen und Jüngern zuerst zuspricht, Licht zu sein (Mt 5,14–16): Eine solche Zusage erst lässt eine gesunde Auseinandersetzung mit dem Schatten zu. Und sie führt auch zu jener engagierten Gelassenheit, die sich um „das Reich Gottes und seine Gerechtigkeit" kümmert in dem Vertrauen, dass dadurch alles individuell Lebensnotwendige auch da sein wird. Darum ist dieser Versöhnungsweg Jesu höchst politisch, denn es geht dabei um das Reich Gottes, um das Ganze, um eine friedvollere und gerechtere Welt.

Johannes Tauler zeigt einen Weg auf, der nicht von verbissenem Kampf geprägt ist, einen Weg in die eigene Tiefe, um auf dem Seelengrund Gottes Gegenwart zu erfahren – die mich stärkt und aufrichtet, die mich mit Rückgrat eine zärtlichere und gerechtere Welt mitgestalten lässt. Auf diesem Versöhnungsweg gilt es, klugen Widerstand zu wagen im unermüdlichen Suchen nach gewaltfreien Ausdrucksformen. Das Ideal der Feindesliebe wird erst realistisch, wenn ich alltäglich einübe, all meine Gefühle, auch die unangenehmen, wahrzunehmen. In den sogenannten Seligpreisungen der Bergpredigt nach Matthäus 5,1–12 finde ich ein befreiendes Menschenbild. Sie wollen meine Versöhnungsspiritualität mitten im Alltag stärken. Konkret kann das so aussehen:

Arm sein vor Gott: Mir und anderen Fehler und Scheitern zugestehen. Weil niemand von uns perfekt sein kann und muss, sind wir zutiefst auf Gottes Erbarmen, auf seine versöhnende Zuwendung angewiesen: Sie ereignen sich, wenn ich mir selber immer wieder mit Wohlwollen begegne und jedem Menschen Verwandlung zugestehe. In der täglichen Meditation am Morgen und am Abend versuche ich, in diese Grundhaltung hineinzuwachsen.

Trauern können: Trauer und Wut sind Geschwister. Wenn ich Traurigkeit in mir spüre, nehme ich mir Zeit, um in sie hineinzuhorchen, ihr eine Stimme zu geben oder auch diese Gefühle zu malen. Ich tue dies aus der Erkenntnis heraus, dass darin sich auch Wut zeigt – meine Lebenskraft, die sich noch zu wenig entfalten kann. Darum sind das Klagen, das Schreien und Weinen lebensfördernde Haltungen, die mich immer wieder neu mit dem Leben versöhnen.

Gewaltfrei leben: Beim Lesen der Tageszeitung bin ich alltäglich mit der Gewalt konfrontiert. Da hinein kann ich im tiefen Ein- und Ausatmen, im Innehalten die versöhnend-segnende Kraft den Opfern der Gewalt zukommen lassen. Ohne jemals die schrecklichen himmelschreienden Ereignisse zu beschönigen oder zu rechtfertigen, kann ich auch für die TäterInnen beten. Denn es gibt für mich keinen gottlosen Menschen – weil kein Mensch Gott loswerden kann. In seiner Freiheit kann sich ein Mensch dem Guten, Gott gegenüber verschließen. Darum sind wir aufgefordert, beim Öffnen solcher Zugänge zu helfen, wissend, dass es nicht allein durch uns machbar ist. Es gehört dazu das Vertrauen, dass die göttliche Kraft des Eingestehens von Schuld und der Wille zur Wiedergutmachung in ihnen geweckt wird. Anne Frank ist mir da Vorbild, wenn sie schreibt: „Trotz allem glaube ich an das Gute im Menschen."

Hunger und Durst nach Gerechtigkeit wachhalten: Im gemeinsamen Essen trage ich zur Versöhnung mit mir, mit anderen und mit der ganzen Schöpfung bei, wenn ich einen gerechten Lebensstil anstrebe. Dies beginnt beim Einkaufen – indem ich „fair gehandelte" und mit wenig Energieaufwand hergestellte und verpackte Produkte und Fleisch aus artgerechter Haltung einkaufe –, und bei der ökologischen Achtsamkeit beim Schaffen von Kompost und Recycling. Versöhnung beim Essen geschieht auch beim Achten auf eine wohltuende Atmosphäre, in der nicht nur über die Arbeit gesprochen wird, sondern in der auch persönliche Gefühle gezeigt werden können. Beim langsamen Essen kann ich mehr genießen und habe auch mehr Zeit zum Gespräch.

Barmherzigkeit fördern: Auf meine Herzensstimme achten, meiner Intuition trauen, um den ersten Schritt der Versöhnung wagen zu können, heißt barmherzig sein. Ein großes Herz haben, um den Dingen auf den Grund zu gehen. So versuche ich den Ärger, die Gereiztheit der anderen zu verstehen, um ihnen jenen Raum des Verständnisses entgegenzubringen, den ich mir auch wünsche, wenn ich dünnhäutig bin.

Ein reines Herz haben: Gott schauen heißt für mich, ihn in allen Dingen zu erkennen. Bewusst in allen alltäglichen Erfahrungen einen Versöhnungsweg zu gehen heißt für mich, die göttliche Spur in allem zu suchen. Es gibt keinen Ort, keine Arbeit, die nicht heilig sein kann, wenn ich einübe, darin das Verbindende zu entdecken. Ein reines Herz haben: Das erinnert mich an die Zusage, sein zu dürfen vor allem Tun – diese bedingungslose Zusage hilft mir, das Habenwollen überwinden zu können. Dies gilt auch für den Dialog unter den Religionen. Fundamentalismus und Fanatismus sind zu überwinden, weil Gott nicht zu haben ist, sondern im Herzen eines jeden Menschen sich uns jeden Tag neu schenkt.

Dieser Versöhnungsweg unter den Religionen beginnt auch mit dem gegenseitigen Kennenlernen. Zu viele einseitige Vorurteile und Feindbilder werden manchmal von Generation zu Generation weitergegeben. Die Information und die Sensibilisierung auf das Verbindende überwindet da Mauern. Am meisten bewirkt die Begegnung, das gegenseitige Einladen zum Essen und das Kennenlernen und Genießen durch die Kultur wie Musik, Film, Theater, Ausstellungen.

Frieden stiften: Abbild Gottes sein heißt, eine Friedensstifterin, ein Friedensstifter zu werden. Dies hat mit der Spiritualität der Konfliktfähigkeit, wie Jesus sie gelebt hat, und mit der Bereitschaft zu tun, mich auf das Leben in seiner ganzen Spannbreite einzulassen. Das Geheimnis der Menschwerdung Gottes erzählt von diesem Einlassen auf die Realität der Welt, in ihren Unfrieden, ihre Zerrissenheit. Heilsein – Reich Gottes – wird erfahrbar, wenn wir lernen, mit der menschlichen Zerbrechlichkeit umzugehen, um dadurch hoffnungsvoller Schritte des Friedens zu wagen.

Im Einüben des achtsamen, langsamen Gehens im Alltag, im bewussten Unterbrechen der Hektik erinnere ich mich an die Worte: „Du lenkst unsere Schritte auf dem Weg des Friedens" (Lukas 1, 79).

Verfolgt werden: Faulen Frieden zu entlarven und echte Versöhnung zu wagen heißt mit Widerstand rechnen. Ich kann es nie allen recht machen. Wenn ich mich wirklich für die Gerechtigkeit einsetze, dann werde ich auch angegriffen. Versöhnung beginnt, wenn ich mich in einem guten Sinne schütze und nicht alles „so persönlich" nehme. Wenn es mir dann doch zu nahe geht, ist es wichtig, Hilfe anzunehmen. Eine spirituelle Begleiterin, ein Begleiter kann mir helfen, zu mir zu finden, mir treu zu bleiben und mit dem Widerstand leben zu können, ohne zu verbittern und hart zu werden.

Grundhaltungen der Versöhnung kann ich durch die Seligpreisungen einüben, wie ich dies in den folgenden Aktualisierungen verdichte:

Versöhnung ereignet sich
wenn ich zu meiner Armut stehe
mir und anderen Fehlern und Scheitern
zugestehe
da wird Gott spürbar
der sein versöhnendes Ja
in meinem Leben erneuert

Versöhnung ereignet sich
wenn ich den Zugang zu meinen Gefühlen finde
damit auch Tränen fließen können
und meine Wut eine Ausdrucksform erhält
da wird Gott erfahrbar
als tiefe Lebenskraft in jedem Menschen

Versöhnung ereignet sich
wenn wir Feindbilder überwinden
und gewaltfreie Formen der Konfliktlösung einüben
damit Einheit in der Verschiedenheit möglich ist
da wird Christus gegenwärtig
weil er uns erlöst

von unseren Allmachtsfantasien
und vom Misstrauen zu kurz zu kommen

Versöhnung ereignet sich
wenn wir solidarisches Teilen einüben
und multikulturelle Feste feiern
weil wir auch in der Begegnung mit
den Fremden neue Weite im Leben erfahren
da wird Gottes Geist wirksam
als verbindende Kraft
die Menschen zur Kreativität anstiftet

Versöhnung ereignet sich
wenn ich auf meine Herzensstimme höre
und im Wahrnehmen des Atmens
das Eingebundensein in Schöpfung und Kosmos spüre
da wird Schwester Geist erlebbar
die zum Staunen
über die Wunder der Schöpfung
und zu ökologischer Achtsamkeit bewegt

Versöhnung ereignet sich
wenn ich zu-Grunde-gehe
und aus meinem Sein
aus Gott heraus meinen Alltag gestalte
im stündlichen Innehalten
da wird Christus erkennbar
in allen Menschen guten Willens
die mit ihm aufstehen für das Leben

Versöhnung ereignet sich
wenn wir miteinander Konflikte austragen
im Aussprechen der Unterschiede

im Lernen Nein zu sagen
um dadurch wieder neu Ja zueinander sagen zu
können
da wird Gott erfahrbar
im Zwischenraum
den Menschen sich einander schenken

Versöhnung ereignet sich
wenn wir Widerstand leisten
uns einmischen mit unserer Stimme
der Toleranz und der Gerechtigkeit
da wird Christus sichtbar
im Rückgrat
das wir uns gegenseitig stärken

IV DA SEIN

Erlaubnisschein zum Innehalten

„Ach, dieser Satz ‚Lebe jeden Tag als ob's der letzte wär' ist doch ein Schmarrn. Was sollten wir anderes machen. Ich sage dir was, ich täte gar nichts anderes machen", sagt Rudi (Elmar Wepper) an der Ostsee zu seiner Frau Trudi (Hannelore Elsner) im berührenden Film „Kirschblüten – Hanami" von Doris Dörrie. Zwei Tage später stirbt Trudi ganz unerwartet. Dieser plötzliche Tod bringt Rudi völlig durcheinander. Erst jetzt erfährt er von den ungelebten Träumen seiner Frau, von ihrem Wunsch, den Sohn Karl in Japan zu besuchen, um die Kunst des Butoh-Tanzes lernen zu können und den göttlichen Berg Fujiyama zu sehen. Das Unglaubliche geschieht: Rudi fliegt nach Tokio, um zusammen mit seiner verstorbenen Frau eine innere Reise zu wagen, die aus der Kraft des Hier und Jetzt sich entfaltet. Mit eindrücklichen Bildern holt die Regisseurin Doris Dörrie uns in die Lebensweisheit hinein, im Augenblick wie die Kirschblüten aufblühen zu können in eine Zeitlosigkeit, die Leben und Tod verbindet. Diese Hoffnung konkretisiert sich jeden Tag in der Einladung, in der Kraft des Augenblicks innezuhalten, einfach da zu sein. Wenn ich immer wieder vertrauensvoll wage, mein Bedürfnis nach Kontrolle aufbrechen zu lassen, dann kann ich paradoxerweise mit Leib und Seele präsent sein in der Gegenwart.

Die Kraft des Augenblicks

Einfach da zu sein, ist etwas vom Schwierigsten in unserer Kultur. Ganz subtil verstärkt die Konsumgesellschaft mit ihrer Werbung täglich unsere Angst, etwas Wichtiges verpassen zu können. Eine Angst, die gekoppelt sein kann durch eine Sozialisation, in der wir erfahren haben, dass wir nicht genügen. Eine Prägung, die gespeichert ist in unserem Leib und die uns zu reflexartigen Verkrampfungen führt. Eine Daseinsberechtigung hat nur, wer sich durch Leistung und Schnelligkeit definiert und wer bereit ist, sich im täglichen Arbeitsprozess hetzen zu lassen. Gegen diese entwürdigende Lebenseinstellung hat schon die Bibel auf ihrer ersten Seite Einspruch erhoben, indem sie uns zuspricht, angenommen und gesegnet zu sein vor allem Tun. Diese entlastende Grundhaltung lässt mich nicht mehr zuerst fragen, was ich tun muss, sondern wo und wie ich Kraft schöpfe, um verantwortungsvoll mitzugestalten an menschlicheren Arbeitsbedingungen, die auch ökologisch verantwortbar sind. Im Einüben der uralten Lebensweisheit des Verweilens im Augenblick sind wir auf Verbündete angewiesen. Wir können einander einen Erlaubnisschein des Innehaltens zusprechen, damit wir nicht gefangen bleiben in Leben behindernden Gewohnheiten. Wir können einander ermutigen, uns nicht leben zu lassen. Die Kraft des Daseins erwartet uns jeden Tag neu.

Ein Team des Fernsehkultursenders 3sat hat im Juni 2010 in der Reihe „Berg und Geist" mit mir ein 30-minütiges Porträt realisiert. Wir waren unterwegs im Schweizer Jura. Als der Regisseur mich nach meinen Zukunftsvisionen fragte, antwortete ich ihm spontan vor laufender Kamera: „Meine größte Vision ist die Hoffnung, mehr in und aus dem Augenblick zu leben!" Diese Klarheit empfanden meine inneren

Kritiker als alarmierende Gefahr! Sie terrorisierten mich mit abwertenden Fragen: „So etabliert bist du nun geworden, dass du nur noch in der Gegenwart leben willst? – Als reicher Schweizer lässt sich so etwas leicht sagen, und was ist, wenn du wie die meisten Menschen ums Überleben kämpfen müsstest? – Bist du nun so apolitisch geworden, dass nur noch die Gegenwart zählt, wo bleibt dein Traum nach einer Welt, die gerechter und zärtlicher werden muss?"

Fragen über Fragen, ich nehme sie mit ins folgende Kapitel, das ein Antwortversuch sein möchte.

Einfach sein
eintauchen in die Stille
Kraft schöpfen im Innehalten
befreit zur Langsamkeit

Da sein können
erwachen zum Hier und Jetzt
mich der Entspannung anvertrauen
bereit zum Loslassen

Gesammelt sein
einstimmen ins Schweigen
Segen erleben im Geschehenlassen
bestärkt zum Hiersein

Präsent sein
konzentriert aufs Wesentliche
eingebunden ins Ganze
verwurzelt im Jetzt

Mich sammeln lassen
all meine Eindrücke
all meine Gedanken
all meine Erfahrungen
all meine Gefühle
sind aufgehoben im Ewigen

Mich sammlen lassen
nichts mehr müssen
nichts mehr wollen
nichts mehr tun
nichts mehr wünschen
im Auf-geben meines Willens
befreit zu mir selbst

Mich entspannen lassen
mein Atem entkrampft
mein Dasein genügt
mein Lachen befreit
mein Weinen erlöst
im Wahrnehmen meiner Vielfalt
das Verbindende feiern

Gegenwärtig sein

Seit über dreißig Jahren gönne ich mir jedes Jahr ganze Schweigetage, die mich zum Hiersein bestärken. Dieses Verweilen in der Stille beflügelt mich danach oft zu höchster Kreativität. Trotzdem brauche ich immer wieder neu einen Erlaubnisschein zum einfachen Dasein. Obwohl sogar mein Verstand inzwischen begriffen hat, dass sich mir durch eine gesunde Distanz zum Alltag unerwartete Lösungsansätze in scheinbar unlösbaren Fragen eröffnen können, bin ich auf vielfältige Ermutigungen zum Gegenwärtigsein angewiesen. Denn meine inneren Kritiker wollen mir immer noch ein verantwortungsloses Faulenzen unterstellen, wenn ich eintauche in den wirklichen Rhythmus des Lebens, der von Zupacken und Geschehenlassen, von Fülle und Leere erzählt. Meine Gedanken möchten rund um die Uhr beschäftigt sein, sie kriegen geradezu Panik, wenn ich sie wie Wolken vorbeiziehen lasse. Sie fürchten um ihre Existenz, weil sie nicht bereit sind, „nur" ein Teil von mir zu sein. Als spiritueller Mensch erinnere ich mich alltäglich, dass ich mehr bin als Gedanke, als meine Gefühle, als meine Sorgen. Eine einmalige Würde bewohnt mich: das Dasein Gottes in mir. Um meinem Gedankenkarussell nicht ohnmächtig ausgeliefert zu sein, hole ich mir immer wieder in Erinnerung, was ich schon weiß, jedoch Tag für Tag erneuert werden möchte: die erlösende Kraft des Gegenwärtigseins.

Zwei Leben fördernde Schritte bestärken mich zum Dasein:

– *Die Kunst des Wiederkehrenden,* die ich dank kleinen, unscheinbaren Alltagsrituale feiern kann. Beim Aufstehen bleibe ich einen Moment stehen. Ich achte auf meinen Stand-Punkt und atme tief ein und aus. Beim Arbeiten am Computer achte ich regelmäßig auf meine Körperhaltung, ich schließe meine Augen und ich lockere meine Schultern. Ich entspanne meine Gesichtsmuskeln und lockere meinen Kiefer. Stündlich öffne ich das Fenster, ich reibe mir die Hände, um den Fluss meiner Lebensenergie intensiver wahrzunehmen.

Wenn ich spüre, dass ich nicht wirklich gegenwärtig bin, sondern mich in den Zukunftssorgen verliere, indem ich Ängste „hochrechne", die oft gar nicht eintreffen, dann brauche ich kleine körperliche Übungen, die mich dank des bewussten Ein- und Ausatmens ins Jetzt zurückholen. In meinen kleinen Ritualbüchern wie „50 Rituale für die Seele" und „Atempausen für die Seele" habe ich eine große Vielfalt von Übungen entworfen, die jede und jeder in ihr besonderes Umfeld einfließen lassen kann. Entscheidend ist bei all den Übungen die Regelmäßigkeit und das Dranbleiben. Auch unsere Seele und mit ihr unser Leib und unser Geist brauchen Training. Das Wissen allein genügt nicht, sondern ich kann die Entspannung erst im Tun, in der regelmäßigen Wiederholung erfahren. So wie ich kein Instrument, keine sportliche Tätigkeit, keine Sprache erlernen kann, ohne Disziplin und Ausdauer, so braucht auch unsere Seele einen weiten Raum der Entfaltung.

Wenn ich jeden Morgen Gott neu danke für das Geschenk des Lebens und der Liebe, dann werde ich von innen her aufgerichtet. Dieses Geschenk braucht unsere Pflege, unsere Aufmerksamkeit, unsere Anerkennung. Harpe Kerkeling bringt dies in einem Sketch als Paartherapeutin voller Humor auf den Punkt: „Liebe ist Arbeit, Arbeit, Arbeit!" (zu entdecken als Video unter „Elvje van Dampen" bei:

www.youtube.com). Zum Glück ist die Liebe mehr als Arbeit. Sie ist geheimnisvoll, wunderbar, herausfordernd, leicht und anstrengend. Die Liebe ist der tiefste Grund zum einfachen Dasein, weil ich vor aller Leistung angenommen bin. Dieser Segen ist für uns Menschen so unfassbar, so unglaublich, dass er jeden Tag neu in unser Herz gesprochen werden möchte. Zum Glück können wir nie genug hören und erfahren, dass wir geliebt sind. Der Mystiker Meister Eckhart verdichtet dieses Urvertrauen in wenigen Worten: „Die wichtigste Stunde ist immer die Gegenwart. Der wichtigste Mensch ist immer der, der dir gerade gegenübersteht. Das notwendigste Werk ist die Liebe." Seit meinem letzten Besuch in Erfurt im März 2010 hole ich mir diese Worte jeden Tag mehrmals in mein Bewusstsein. Sie befreien mich zum Jetzt, zu einem achtsamen Dasein, in dem ich gut mit mir selbst und mitfühlend mit anderen bin.

– *Ein Bewusstseinswandel,* in dem ich mich gedanklich damit auseinandersetze, warum es uns so schwerfällt, in der Gegenwart zu leben. Es bedeutet für mich, meine inneren Antreiber kennenzulernen, die mir als subtile innere Instanz verbieten, im Hier und Jetzt zu leben. Diese Antreiber können mich mit meiner persönlichen Sozialisation in Verbindung bringen, mit der Urangst zu kurz zu kommen, nicht gesehen zu werden. Sie werden jedoch auch strukturell durch eine gigantische Werbemaschinerie genährt, die das Glücklichsein in der Gewinn- und Besitzoptimierung sieht, im Irrtum, Glück sei zu haben im Anhäufen von materiellen Dingen. Glücklich werde ich, wenn ich mich versöhne mit meiner Vergangenheit und wenn ich mich befreien kann von Zukunftsängsten. Ein Glück, das selber nie zu haben ist, sondern sich Tag für Tag im Auf und Ab, im Hoch und Tief, im Schönen und Schweren ereignet als Vertrauenseinladung, dass der heutige Tag der wichtigste in meinem Leben ist. Diese gedankliche Auseinandersetzung geschieht wesentlich in Beziehung, in den Gesprächen mit anderen Menschen, sie wird auch im Lesen von Büchern möglich und im regelmäßigen Eintauchen in die Kraft der Stille. Meinen Bewusstseinswandel verdanke ich vielen mystischen Menschen, die mich erinnern, dass der jetzige Augenblick meine Heimat ist (Thich Nhat Hanh).

Der Franziskaner Richard Rohr spiegelt mir in seinem neuen Buch „Pure Präsenz. Sehen lernen wie die Mystiker" die Einseitigkeit eines dualen Denkens, die es mir schwer macht, im Hier und Jetzt zu leben. Duales Denken, das sich in den Lebensgrundhaltungen von „entweder-oder / richtig-falsch / gut-böse" einengt, erschwert den Zugang zum Göttlichen. Nichtduales Denken ist weder Relativismus, Skeptizismus, noch Wischiwaschi-Denken, sondern der Schlüssel zur Gabe des Präsentseins: „Nichtduales Denken oder Kontemplation ist vielmehr ein Zeichen dafür, dass du das Absolute gefunden hast. Aber es befindet sich weit jenseits aller Begriffe und Konzepte ... Nichtpolares Denken lehrt uns, schöpferische Spannungen auszuhalten, mit Paradoxien und Widersprüchen zu leben, vor dem Geheimnis nicht davonzulaufen und deshalb tatsächlich das zu praktizieren, was alle Religionen lehren: Mitgefühl, Erbarmen, Freundlichkeit, Geduld, Vergebung und Demut."[25] Eine gute Balance brauchen wir zwischen Reden und Schweigen, Wissen und Nichtwissen, sonst wird auch Religion unweigerlich arrogant, ausgrenzend und sogar gewalttätig. Das neue Buch von Richard Rohr ist für mich sehr inspirierend. Sein Stil fordert mich zu einer kreativen Auseinandersetzung heraus, in der ich Zustimmung und Unterscheidung erfahre. Ganz besonders wird mir bewusst, wie das Wissen allein zur Verwandlung meiner Sicht nicht genügen wird. Es braucht die alltägliche Wahrnehmung, mich immer wieder im Augenblick zu verwurzeln, weil ich dadurch Vertrauen ins Ewige erfahre.

Eintauchen ins Hier und Jetzt wird zur verbindenden Kraft, die Frieden in Gerechtigkeit in der Schöpfung fördert. Verweilen im Augen-Blick ist das Verbindende, das sich in allen mystischen Spuren freilegen lässt. Die Sufi-Lehrerin Annette Kaiser hebt auch den Aspekt der Übung hervor, weil die tiefe Erfahrung des Einsseins mit allem kein Zustand ist: „Meine Erfahrung ist, dass sich diese Perioden, diese zunächst kleinen Sequenzen, zeitlich ausdehnen. Dann verschwinden sie wieder. Dann kommen sie wieder. Es braucht immer noch eine gewisse Bemühung, ein Ausgerichtetsein. Ich kann nicht behaupten, dass ich immer in einem Zustand der Einheit bin. Ich merke schneller, wenn ich draußen bin, und ich kann mich schneller wieder hineinnehmen in dieses Sein. Wenn man diesem Sein, dem Göttlichen, auch nur eine Eigenschaft überhaupt geben könnte, dann ist es die Liebe. Das wird einerseits vertieft und dehnt sich zeitlich aus. Aber es braucht viel, viel Zeit."[26] Diese Worte befreien mich von der Vorstellung, dass das große Geschenk des Präsentseins ein fester Zustand ist. Es ist ein Werden, ein Kommen und Gehen, ein Finden und Lassen. Ich werde immer mehr zu mir selbst verwandelt, nicht ein für alle Mal, sondern jeden Tag neu. Davon spricht auch Eckhart Tolle in seinem Buch „Jetzt. Die Kraft der Gegenwart". Er betont, dass für das Ego der gegenwärtige Moment kaum existiert: „Selbst wenn sich das Ego scheinbar um die Gegenwart kümmert, nimmt es die Gegenwart nicht wahr: Das kann es gar nicht, weil es sich durch die Augen der Vergangenheit betrachtet. Oder es benutzt die Gegenwart als Mittel, um ein Ziel zu erreichen, das immer in der vorgestellten Zukunft liegt ... Der Verstand ist ein hervorragendes Instrument, wenn er richtig benutzt wird. Bei falschem Gebrauch kann er allerdings sehr destruktiv werden. Genauer gesagt ist es nicht so, dass du deinen Verstand falsch gebrauchst – du gebrauchst ihn normalerweise überhaupt nicht. Er gebraucht dich."[27] Die Fülle der Bücher, die uns ermutigt, uns nicht mit dem Verstand und mit den Gefühlen zu identifizieren, zeigt, wie schwierig dies im ganz konkreten Alltag ist.

„Sei gegenwärtig" schreibt sich sehr leicht. Es weckt zum Glück eine tiefe Sehnsucht in uns. Die Sehnsucht, nicht mehr immer nur zu re-agieren, sondern vermehrt aus dem inneren Sein heraus sein zu dürfen und zu agieren. Die Komplexität, die Richard Rohr, Annette Kaiser und Eckhart Tolle in ihren anregenden Büchern aufzeigen, bringt zum Ausdruck, dass es sich dabei um einen täglichen und lebenslangen Prozess handelt. Dieser Prozess ereignet sich im Paradox der Entschiedenheit und des Gehenlassens. Er mutet uns zu, durch die Kraft der Gegenwart aufmerksam und mitfühlend zu werden, und er befreit uns von der Vorstellung, diese Grundhaltung im Griff haben zu können.

> Innehalten
> ein- und ausatmend
> mich sammeln lassen
> befreit zum Leerwerden
>
> Innehalten
> ein- und ausatmend
> meine Gedanken ziehen lassen
> bereit zum Schweigen
>
> Innehalten
> ein- und ausatmend
> meine Bilder gehen lassen
> bewegt zum Augen-Blick

Innehalten
ein- und ausatmend
Schmerzvolles vertiefen lassen
bestärkt zum Lebensbejahenden

Innehalten
ein- und ausatmend
erwachen zu mir selbst
tief verbunden sein mit allem

Gegenwärtig sein
intensiv wahrnehmen
wie der Lebensatem Gottes
mich innerlich aufrichtet

Achtsam sein
herzlich in meinen Begegnungen
einfühlsam in meinen Gesprächen
klar im Augen-Blick

Präsent sein
konzentriert auf das Wesentliche
eingebunden ins Ganze
verwurzelt im Jetzt

Ich darf sein
anerkannt in meiner Einmaligkeit
angenommen in meiner Einzigartigkeit
angesehen in meiner Würde

Ich bin einfach
gesegnet zum Dasein
bestärkt zur Leichtigkeit
befreit zur Unvollkommenheit

Ich darf sein
mit meinen Verwundungen
mit meinen Ängsten
mit meiner Zerrissenheit

Ich bin einfach da
berührt zum Augenblick
aufgehoben im Ewigen
gefunden im Jetzt

Meine Unruhe gehen lassen

Wer sich in den Raum des einfachen Daseins, der Stille hineinwagt, der soll nicht überrascht sein, dass ihm zuerst die Unruhe entgegenkommt.

In allen Mythen und Märchen wird erzählt, wie Menschen durch ein dunkles Tal oder eine unbekannte Höhle hindurchschreiten müssen, um zu einer neuen Lebensqualität zu gelangen. In den beiden Kapiteln „Versöhnen" und „Loslassen" habe ich diese Lebensweisheit entfaltet: Der Weg zu einer inneren Heilung führt nochmals durch den Schmerz, das Blockierte, das Unerlöste hindurch. Wenn ich durch die Stille intensiver mit schweren Verletzungen in Berührung komme, dann bin ich auf eine therapeutische und spirituelle Begleitung angewiesen. Ich darf jedoch auch auf meine innere, göttliche Heilungskraft vertrauen, die sich in mir im Eintauchen in die Stille entfalten kann. Wenn sich zuerst meine innere Unruhe meldet *und* wenn sie sein darf, dann kann ich sie besser gehen lassen.

Dieser Durchgang von der Unruhe zur Stille bietet uns die Gelegenheit, wohlwollend und geduldig mit uns selber umzugehen, uns anzunehmen mit unseren vielfältigen und ambivalenten Gefühlen, die immer nur ein Teil von uns sind. Wir sind mehr als die Unruhe, als die verdrängten Verletzungen, wir sind anerkannt in unserer Kostbarkeit. So wie sich uns nach einem heftigen Gewitter die Landschaft in großer

Klarheit zeigt, so kann nach der Unruhe die Lebenskraft der Stille mich zur Hoffnung bewegen.

> *Laufe nicht der Vergangenheit nach.*
> *Verliere dich nicht in der Zukunft.*
> *Die Vergangenheit ist nicht mehr.*
> *Die Zukunft ist noch nicht gekommen.*
> *Das Leben ist hier und jetzt.*
>
> Lao Tse

Der Kontemplations- und Zenlehrer Marcel Steiner entwirft in seinem Buch „Tiefe Stille – Weiter Raum. Schweige-Impulse für jeden Tag" eine Wegbegleitung für 7 mal 7 Tage, in der erfreulicherweise auch mit Humor alle Facetten des Innehaltens beschrieben werden. „Selbst Bären häuteten sich, würden sie sitzen ...", schreibt Marcel Steiner, wenn er den inneren Reinigungs- und Häutungsprozess erwähnt, der sich im Sitzen in der Stille ereignen kann. Die große Lebenskunst des Verweilens erfahre ich, wenn ich wahr-nehme, was ist, um es lassen zu können. Es wird möglich, wenn wir uns gut einüben ins *„nichts wollen – aber das mit ganzem Herzen"*. Es bedeutet nicht, Gefühle und Gedanken zu unterdrücken, und schon gar nicht, sie zu bekämpfen, sondern sie wahrnehmend ziehen zu lassen: „Was unterdrückt wird, wird sich umso intensiver Ausdruck verschaffen wollen. Mache dir bewusst, dass Meditieren nicht heißt, etwas zu unterdrücken und so zu tun, als wären wir ruhig. Vielmehr erfährt sich der wache Geist, der du bist als offen und weit. So weit, dass alles seinen Raum und seine Zeit haben darf ... und darum auch du mit all dem, was dich bewegt ... und gelegentlich auch erschüttert ... Und wenn es dir nicht gelingt? Dann erlaube dir einfach, das Nicht-Gelingen anzunehmen."[28]

Meine Unruhe wahrnehmen
im Benennen meiner Widerstände
im Annehmen meiner Ungeduld
im Beachten meiner Zerrissenheit

Meine Unruhe aushalten
im Mitgefühl mit mir selbst
im Vertrauen auf Entspannung
im Erfahren eines Getragenseins

Meine Unruhe durchschreiten
im Hineinatmen in meine Verspannungen
im Vorbeiziehen-Lassen meiner Gedanken
im Schütteln meines Leibes

Gefangen in meiner Denkspirale
verkrampft in meiner Egoebene
verloren in meiner Dünnhäutigkeit
eingesperrt in meiner Schwere

Trotzdem und erst recht
atme ich tief ein und aus
lasse mich befreien
zum Dasein im Jetzt

Meine Unruhe bekommt Risse
die Gabe des einfachen Daseins
sucht sich beharrlich einen Weg
obwohl er nie zu haben ist

Einfaches Dasein
ereignet sich immer wieder
löst sich wieder auf
verdichtet sich im Jetzt

Mein Gedankenkarussell hält an
ich lasse mein Denken gehen
Raum und Zeit sind wie aufgehoben
ich darf endlich einfach sein

Einfach da sein
von der Unruhe zur Stille
von der Hektik zur Sammlung
von der Verkrampfung zum Aufatmen

Spannende Entspannung

Während einer Vortragsreise im Südtirol entdecke ich im Herbst 2003 in Brixen das letzte Buch von Dorothee Sölle (1929–2003). Was für ein bewegender Moment; ich erinnere mich, als ob es gestern gewesen wäre. Ich öffne zufällig ihr Buch „Mystik des Todes" und ich entdecke auf der Seite 74 drei Sätze, die ich nicht auswendig lernen muss, weil sie seither in meinem Herzen (franz. „par coeur") sind. Dorothee Sölle schreibt: „Wir benötigen eine neue Spiritualität, die den Rhythmus des Lebens kennt und akzeptiert. Wir können uns selbst unterbrechen, um diesen Rhythmus wahrzunehmen und uns in ihn einzustimmen. Er ist vor uns da und nach uns da."[29] In wenigen Worten gelingt es der Mystikerin aus Hamburg zu umschreiben, wie sich eine spirituelle Kultur entfalten kann, in der sich uns ein spannendes Leben eröffnet. Ich spreche nicht von einer „neuen" Spiritualität, sondern von der uralt-biblischen Sabbatkultur, wie sie schon auf der ersten Seite der Bibel aufscheint. Sie erinnert uns an den lebensnotwendigen Rhythmus des Lebens, der sich durch Tag und Nacht, Leichtigkeit und Schwere, Erholung und Arbeit, Lachen und Weinen, Spannung und Entspannung, Leben und Sterben ausdrückt. In einer Welt, in der die Geschäfte sieben Tage pro Woche und 24 Stunden pro Tag offen sein sollten, können wir diesen Leben fördernden Rhythmus nicht mehr voraussetzen. Als neue Freiheit wird uns diese subtile Versklavung vorgegaukelt. Sie entfremdet uns von uns selbst, von unserem natürlichen Lebensrhythmus, von unseren Mitmenschen, von unserem Verwurzeltsein in der Schöpfung, vom Geschenk des Lebensatems Gottes.

Unterbrechungskultur

Um dem unbarmherzigen Gesetz des Hamsterrades nicht ausgeliefert zu sein, erinnert uns Dorothee Sölle an die Möglichkeit, uns unterbrechen zu können. Ich meine, dass sie sich dabei auf den Theologen Johann Baptist Metz beruft, der „Unterbrechung" als die kürzeste Definition von „Religion" versteht. Sich unterbrechen zu lassen heißt, sich befreien zu lassen vom Irrtum, alles selber tun zu müssen. Es bedeutet auch, sich nicht zu gewöhnen an unmenschliche Arbeits- und Lebensbedingungen. Wenn wir uns wie Jesus dem Leben in die Arme werfen wollen, wenn wir liebend-versöhnend unterwegs sein wollen, dann brauchen wir die Gabe des Innehaltens, die sich uns im Rhythmus von Spannung und Entspannung zeigt. Uralte Lebensweisheiten erzählen uns unaufhaltsam von dieser Lebenskultur, die sich weigert, sich leben zu lassen. Die erste Frage eines mystischen Menschen heißt darum nicht: „Was muss ich tun?", sondern: „Wo nehme ich die Kraft her, aus welcher Quelle schöpfe ich?" Johannes vom Kreuz (1542–1591) spricht von einem „liebenden Aufmerken" und Madeleine Delbrêl (1904–1964) spannt den Bogen des Innehaltens, des Verweilens sehr weit: „Christus will überall dort zu Hause sein, wo wir bei uns selber verweilen."

Seit meinem Burnout lasse ich mich nun schon 18 Jahre durch viele mystische Weggefährtinnen und Weggefährten zu einem gesunden Lebensstil bestärken. Faszinierend ist die Entdeckung, dass Mystikerinnen und Mystiker alle Jahrhunderte hindurch jene Lebenskunst entfalten, in der ich mitten in das Grundgeheimnis unseres Lebens gestellt werde, in das Geheimnis von Spannung und Entspannung. Auch im interreligiösen Kontext eröffnen sich in der mystischen Spur in jeder Religion höchst spannende Lebensentwürfe, die voller Rückzug, Kreativität und leidenschaftlichem Engagement sind. Der Schlüssel zu einem spannend-entspannten Leben liegt in der tiefen Einsicht, dass sich Selbstwerdung und Solidarität, Gottes-, Selbst- und Nächstenliebe nicht widersprechen, sondern ergänzend im Rhythmus von Zupacken und Geschehenlassen ereignen.

Jene Gabe der Unterbrechung, die uns aufzeigt, was wirklich wesentlich ist im Leben, was wirklich trägt. Es ist die Gabe der Aufmerksamkeit, wie sie die Mystikerin Simone Weil (1909–1943) benennt. Liebende Menschen sind aufmerksame, achtsame Menschen, die regelmäßig in die Kraft des Augen-Blicks eintauchen, weil sie uns mit der Urkraft der Ewigkeit verbindet. Im französischen Urtext verwendet Simone Weil das Wort *attente,* das sich nicht leicht übersetzen lässt: „Aufmerksamkeit" ist ein gute Übersetzungsspur, doch das Wort *attente* bedeutet viel mehr, es hat mit „aufmerksamem Warten, mit Erwarten" zu tun. Ich umschreibe das Lebenswort von Simone Weil so: „Voller Erwartung nichts erwarten." Sich halbstündlich ein, zwei Minuten unterbrechen zu lassen, kann uns ein entspannendes Beten schenken, das über uns hinausweist, himmelwärts.

Alltag als Übung

Zu lange hat mich ein körperlicher Reflex geprägt, der mich immer wieder „atemlos" werden ließ. Seit Kindesbeinen habe ich gelernt, mich zu verkrampfen, wenn es mich auf ankommt: Ich ziehe die Füße hoch, atme flach, beiße auf die Zähne, ziehe den Bauch ein, verspanne die Schultern, strecke die Knie durch. Dies geschieht reflexartig, unbewusst, die Körpersprache und -haltung spiegelt uns wider, in welcher Geisteshaltung wir im Leben stehen. Durch meine jahrzehntelange meditativ-spirituelle Praxis hat sich vieles gelöst und verwandelt, obwohl die alten Muster unglaublich hartnäckig in meinem Leib gespeichert sind. Dabei geht es nicht nur um meine persönliche Sozialisation, sondern um kulturelle Prägungen, die durch den zunehmenden Leistungsdruck erneut ganze Generationen verbiegen. Ein internationaler Zahnarztkongress hat alarmierend darauf hingewiesen, dass wieder vermehrt Kinder im Schlaf auf ihre Zähne beißen, als Ausdruck eines konstanten Angespanntseins. Dies verdeutlicht die sozial- und gesundheitspolitische Brisanz des spirituellen Themas der Entspannung.

Karlfried Graf Dürckheim (1896–1988), Lehrer der Initiatischen Therapie in Todtmoss/Schwarzwald, hat schon 1953 darauf hingewiesen, dass es zu unserem Lebensauftrag gehört, in rechter Spannung zu sein und zu wirken, ohne verspannt zu sein. Entspannung ist also nicht nur ein Urlaubsthema, sondern eine spirituelle Lebensaufgabe, die uns wirklich aus der inneren Mitte, auch aus der Leibesmitte leben lässt. In meiner Aktualisierung des ersten Psalms verdichte ich diese Grundhaltung:

> *Verwurzelt der Mensch,*
> *der darauf vertraut,*
> *dass es wohl auf ihn ankommt,*
> *aber letztlich nicht von ihm abhängt.*

In der Mitte verankert

Dürckheim benennt zwei Fehlhaltungen: Verkrampftheit und Aufgelöstheit. In der Verkrampftheit („Brust aufblähen – Bauch hinein – hochgezogene Schulter") sieht er einen Menschen, „der sich voll mit seinem kleinen Ich identifiziert und sich daher vor allem selbst wahren, seine ‚Stellung' halten, seine Position sichern will. Wo diese Fehlhaltung eingefleischt ist, blockiert sie die lösende, erneuernde und erhaltende Kraft aus der Tiefe."[30] Die Gegenform dieser Haltung, die Aufgelöstheit, ist das Zusammensacken des Menschen, die zu einem Mangel an Gefühl und Verantwortung führt. In guter Spannung Entspannung erfahren heißt die Lebenskunst, die nicht nur ein fernöstliches Privileg, sondern von allgemeinmenschlicher Bedeutung ist. Dürckheim schreibt: „Der Japaner hat einen eigenen Begriff für den Raum der richtigen Mitte des Menschen: HARA. Das Wort ‚Hara', vielen von uns durch den Begriff ‚Harakiri' vertraut, bedeutet wörtlich ‚Bauch'. Im übertragenen Sinn jedoch bedeutet Hara diejenige Gesamtverfassung des Menschen, in der er in der rechten Mitte verankert ist. Es ist dies die Mitte, die ihn offenhält für die ihn unbewusst verwandelnden, tragenden, formenden und bergenden Kräfte des Seins und die ihn zugleich befähigt, diese Kraft aus dem Wesen als Leistungs-, Gestaltungs- und Liebeskraft in der Welt zu bewähren."[31] Dass es sich dabei um uralte Lebensweisheiten handelt, die auch in der christlichen Kultur zu finden sind, zeigen die Ikonen und Skulpturen, die Christus „mit Bauch" darstellen (Christus auf der Himmelskugel, Trier 10. Jahrhundert / Maiestas Domini, Köln 12. Jahrhundert / Christus und der Versucher, Kathedrale von Plaimpied, Frankreich). Für Dürckheim sind Spannung und Entspannung, Gespanntheit und Gelöstheit zwei Seiten jedes lebendigen Ganzen. Der

Alltag ist für ihn der vordringliche Ort, wo wir diese Umkehr einüben können. Auf diesem existenziellen Erlösungs- und Verwandlungsweg haben wir immer schon eine innere Begleitung: unseren Atem. Er wird zum Gebet, wenn wir ihn als heilenden Atem Gottes wahrnehmen.

Erholungskompetenz fördern

Der klinische Psychologe und Supervisor Christoph Eichhorn spricht von einer „Erholungskompetenz", weil es naiv sei zu glauben, dass die Erholung sich wie von selbst einstellt. Er beruft sich unter anderem auf qualifizierte Untersuchungen im Leistungssport. Zur Leistungssteigerung und -erhaltung braucht es eine regelmäßige und systematische Erholungsaktivität. Erholungsprozesse erhalten darum in der Sportpraxis den gleichen Stellenwert wie Beanspruchungsprozesse. Diese Erkenntnis bedeutet für mich, mein lebensnotwendiges Bedürfnis nach Atempausen nicht auf das Wochenende und auf den Urlaub zu vertagen, sondern es mir täglich, stündlich zu holen. Ich hole mir immer wieder durch kleine Alltagsrituale, was ich den Tag hindurch brauche an befreiendem Aufatmen. Wenn ich nämlich zu lange, über Tage und Wochen hinweg, in einem Belastungs- und Beanspruchungsprozess bleibe, dann genügt auch der Urlaub nicht, um mich wirklich zu erholen. Da bin ich zuerst einfach erschöpft und spüre gar nicht, was mir wirklich guttut. Sportliche Tätigkeiten und meditative Bewegungen (Qi gong oder Yoga) können uns entspannen. Dasein im Augenblick geschieht auch in bewegter Sammlung und in sammelnder Bewegung.

In jedem Arbeitsplan muss diese Leer-Zeit der Beweglichkeit aufscheinen! Spirituelle Menschen fördern diese Widerstandskraft, die sich weigert gelebt zu werden. Dabei geht es nie nur um meine persönliche Lebensgestaltung, sondern zugleich um die großen gesundheitspolitischen Themen unserer Zeit. Im November 2010 entdecke ich in einer deutschen Tageszeitung die Warnung von 19 Professoren und Klinikmanagern vor einer „Burn-out-Welle", die pro Jahr über 30 Milliarden an Kosten verursachen wird, weil rund 30 Prozent der Bevölkerung an Stress-Krankheiten leidet. Jeder Mensch, der jeden Tag einen gesunden Lebens- und Arbeitsrhythmus einübt, tut nicht nur sich selbst etwas Gutes, sondern bringt seinen notwendigen Beitrag ein, um verantwortungsvoller die Gesundheitskosten zu verringern.

Mir ist es aufgetragen, auch gut zu mir selbst zu sein, indem ich lerne, auch Nein zu sagen, dem Leben zuliebe. Dadurch kann ich all-täglich erneuern, was meinem Leben Tiefe schenkt: Ich bin gesegnet vor allem Tun. Dieser Zuspruch gilt vor allen Ansprüchen. Er weist mir den Weg zu einem gesunden Lebensrhythmus. Ein Rhythmus, der sich ereignet, wenn ich nicht um mich selber kreise, sondern immer wieder eintauche in den natürlichen Schöpfungsrhythmus, der von Fülle und Leere, Aussaat-, Ernte- und Brachzeit geprägt ist. Der Dichter Christian Morgenstern (1871–1914) bringt es auf den Punkt: „Spannung ist alles und Entladung. Und höchste Lebensweisheit, seine Spannung immer richtig zu entladen."

Entspannt sein
in guter Spannung
mich innerlich aufrichten lassen
zum aufatmenden Zu-mir-stehen

Erlöst sein
zum kraftvollen Aufbruch
aus der einengenden Egoebene
die mich entfremdet vom Wesentlichen

Befreit sein
vom Hochrechnen meiner Sorgen
tief einatmend Kraft schöpfen
aus meiner inneren Quelle

Entspannt sein
im Hier und Jetzt
nichts mehr haben wollen
einfach sein dürfen

Mich finden lassen

Meine Sehnsucht ist groß, einfach da sein zu können. Kostbar und voll innerer Lebenskraft sind jene Momente, in denen ich nichts tun muss und in denen ich nicht getrieben werde. Heilsam und voll von nährendem Selbstvertrauen sind jene Stunden, in denen es genügt, gegenwärtig zu sein, gesammelt im Augenblick, befreit zum achtsamen Innehalten.

Meine Sehnsucht ist groß, im Hier und Jetzt die Kraft der Gelassenheit zu erfahren. Bestärkend sind jene Erfahrungen, in denen ich ohne Gedanken und Bilder die tiefere Verbundenheit mit allem erahne. Dieses Getragensein im Hier, das über mich hinausweist und mich zu einer gesunden Lebensgestaltung ermutigt, schenkt mir jene Balance, die mich gelassener werden lässt, jeden Tag neu. Eine Balance, die genährt wird von der entlastenden Zusage, dass ich das Wesentliche nicht krampfhaft suchen muss. Dieses Getragensein im Hier schenkt auch eine andere Lebensgrundhaltung: Ich lasse mich finden. Finden lassen kann ich mich, wenn ich auch bei mir zu Hause bin.

In der mystischen Tradition wird dieses Geschenk des Himmels vielfältig umschrieben: „sunder warumbe – ohne Warum" (Meister Eckhart), „innere Freiheit" (Marguerite Porète), „Lange-Weile" (Thomas Müntzer), „Gott genießen können" (Teresa von Ávila), „inneres Gesammeltsein" (Edith Stein), „Dasein als Tanz" (Madeleine Delbrêl), „Jederzeit:

hier und jetzt" (Dag Hammarskjöld), „Das Heiligste auf der Welt und das wirklich zu Feiernde ist der gegenwärtige Augenblick" (Robert Lax). Dabei geht es nicht um einen Zustand, sondern um kostbare Momente des Einsseins, die nachhaltig zu einer großen Aktivität und Kreativität führen können. Im Hier und Jetzt leben bedeutet nicht, naiv und blauäugig nichts zu sagen zu den brennenden Lebensfragen. Wenn ich nicht Stellung beziehe, dann unterstütze ich die aktuelle Situation, weil ich nie apolitisch sein kann, sondern immer ein Teil eines Ganzen bin. In der Kraft des Augenblicks zu leben bedeutet auch nicht, die Verantwortung für die Zukunft den anderen, vor allem den Mächtigen zu überlassen.

Es bedeutet, eins nach dem anderen zu tun. Es heißt, im Gehen zu gehen, im Stehen zu stehen, im Warten zu warten und im Planen zu planen. Entscheidend ist das regelmäßige Eintauchen in die Erinnerung, dass ich nicht alles selber tun muss, sondern ich schon angekommen bin, bevor ich aufbreche. Wer sich selber schon als Gefundener erfährt, der kann kraftvoller im Hier und Jetzt die Zukunft planen! Doris Dörrie sagt rückblickend zu ihrem Film „Kirschblüten – Hanami": „Die Kontrolle aufzugeben stellte sich für mich als aufregender und auch vielleicht ‚liebevoller' heraus, als sie auszuüben. Diese Art zu drehen schien mir jetzt besser geeignet, den Dingen auf den Grund zu gehen und herauszufinden, wie Leben funktioniert ... Die Aufforderung, jeden Augenblick mit Hingabe nur das zu tun, was man gerade tut, und in banalen Tätigkeiten den ganzen Kosmos zu entdecken, das Göttliche im Putzlappen sozusagen, ließ sich durchaus auf das Filmedrehen übertragen."[32]

Ohne Ziel
angekommen im Augen-Blick
gegenwärtig sein
befreit zur Einfachheit

Ohne Warum
eintauchen ins Jetzt
grundlos glücklich
bestärkt zur Lange-Weile

Ohne Absicht
aufgehoben im Ewigen
zeitlos sein
berührt zur Liebe

Urgrund allen Daseins
Dich suche ich nicht mehr
weil Du mich findest

Du bewohnst mein Innerstes
als unerschöpfliche Quelle
die mir Sammlung schenkt

Urgrund aller Liebe
Dich lasse ich
immer mehr in mir

Schweigen umhüllt mich
mit seiner Zeitlosigkeit
die mein Glück leuchten lässt
zum vertrauenden Hiersein

Stille lockt mich
mit ihrem Klang der Ewigkeit
die meinem Dasein
die Melodie der Leichtigkeit schenkt

Leere erfüllt mich
mit ihrer Grundlosigkeit
die in mir die Lebensweisheit
des Geschehenlassens entfaltet

Anmerkungen

[1] Ernesto Cardenal, Ufer zum Frieden, Jugenddienst Wuppertal 1977, 18.
[2] Zit. nach Otto Betz, Hildegard von Bingen. Gestalt und Werk, Kösel München 1996, 118.
[3] Bruno Dörig, Schenk dir ein Mandala. Heft 2, Eschbachverlag 1995, 23.
[4] Vgl. Bildband 2002/2003 der spirituellen Fotozeitschrift „ferment" – www.ferment.ch.
[5] Rainer Maria Rilke, Werke in 3 Bänden, Band 1, Ex Libris Zürich 1966, 445.
[6] Thomas Merton, Der Berg der sieben Stufen. Die Autobiographie eines engagierten Christen, Benziger Zürich ^{8}1990, 177.
[7] Meister Eckhart, Deutsche Predigten und Traktate, hrsg. von Josef Quint, Diogenes detebe-Klassiker 20642, Zürich 1979, 56.
[8] Ebd., 143.
[9] Max Frisch, Tagebuch 1946–1949, Suhrkamp Taschenbuch Frankfurt a. M. 1985, 27.
[10] Meister Eckhart, Predigten, a. a. O., 227.
[11] Ebd., 214.
[12] Ebd., 308.
[13] Ebd., 273.
[14] Erich Fromm, Haben oder Sein. Die seelischen Grundlagen einer neuen Gesellschaft, dva Stuttgart 1976, 29.
[15] Ebd., 65.68.69.
[16] Inspirierende Dossiers wie „Einfach die Welt verändern. 20 Schritte zu einer besseren Zukunft" und „Die Klima-Revolution. Jetzt ist Zeit zum Handeln" sind erhältlich bei: Publik-Forum. Zeitung kritischer Christen, Postfach 2010, D-61410 Oberursel – www.publik-forum.de – Tel. 0049/(0)6171-7003.0.
[17] Johannes Tauler, Predigten, übertragen und herausgegeben von Dr. Georg Hofmann, Herder Freiburg i. Br. 1961, 43–44.

[18] Ebd., 145.
[19] Karl Frielingsdorf, Aggression stiftet Beziehung. Wie aus destruktiven Kräften lebensfördernde werden können, Grünewald Mainz 1999, 9.
[20] Pierre Stutz, Mein Leben kreist um Dich. Mit den Psalmen die eigene Mitte finden. Kösel München 2009.
[21] Johannes Tauler, Predigten, a. a. O., 189.
[22] Verena Kast, Vom Sinn des Ärgers. Anreiz zu Selbstbehauptung und Selbstentfaltung, Kreuz Stuttgart 1998.
[23] Ebd., 99.
[24] Johannes Tauler, Predigten, a. a. O., 479.
[25] Richard Rohr, Pure Präsenz. Sehen lernen wie die Mystiker. Claudius München, 2. Auflage 2010, 157; 159.
[26] Annette Kaiser, Der Weg hat keinen Namen. Leben und Vision einer Sufi-Lehrerin. © Theseus in J. Kamphausen Verlag & Distribution GmbH, Bielefeld 2002, 146.
[27] Eckhart Tolle, Jetzt! Die Kraft der Gegenwart. Ein Leitfaden zum spirituellen Erwachen. © J. Kamphausen Verlag & Distribution GmbH, Bielefeld 2008, 33; 27.
[28] Marcel Steiner, Tiefe Stille – Weiter Raum. Schweige-Impulse für jeden Tag. Kösel München 2009, 39.
[29] Dorothee Sölle, Mystik des Todes, Kreuz Stuttgart ⁴2004, 74.
[30] Karlfried Graf Dürckheim, Übung des Leibes, Martin Lurz München 1978, 40.
[31] Ebd., 41.
[32] Dorris Dörrie, The Soundtrack to Kirschblüten – Hanami. Booklet 2008.

Alle erwähnten Kinofilme sind als DVD erhältlich.

Mit Pierre Stutz die Bibel entdecken

Pierre Stutz
In der Weite des Himmels
Ein meditativer Gang
durch die Bibel
200 Seiten | Flexcover
mit Leseband
ISBN 978-3-451-32328-7

Pierre Stutz hat ein besonderes Buch zur Bibel geschrieben:
Aus jedem biblischen Buch meditiert er einen kurzen Abschnitt,
so dass ein »meditativer Gang« durch die ganze Bibel entsteht.
Der Autor liest die Bibel als Lebenshilfe, deren wunderbare
Geschichten die Augen öffnen für die Tiefe des Lebens.

In jeder Buchhandlung

HERDER
Lesen ist Leben

www.herder.de

Pierre Stutz

Ein Stück Himmel im Alltag
Sieben Schritte zu mehr Lebendigkeit
Herder spektrum Band 5980

Lebendig ist, wer auf seine Seele achtet: In diesem Klassiker zeigt Pierre Stutz konkrete spirituelle Übungen, um zur Quelle der eigenen Lebendigkeit zu finden – und so den Himmel in den Alltag zu holen.

50 Rituale für die Seele
Hg. von Andreas Baumeister
Herder spektrum Band 7004

Gelassenwerden, wenn der Druck zunimmt; die eigenen Ressourcen entdecken und zu neuer Lebendigkeit aufbrechen.

Heilende Momente für die Seele
Herder spektrum Band 7079

Rituale und Gebete für den Alltag: Ermutigung in Beruf und Freizeit, heilende Momente für die Seele. Pierre Stutz bestärkt Leserinnen und Leser, der heilenden Dimension unserer Religion mehr zuzutrauen.

Zeit für dich selbst
240 Seiten, Spiralbindung
ISBN 978-3-451-32243-3

Lebendig ist, wer auf seine Seele achtet: In diesem schön gestalteten Aufstellbuch verbinden sich fotografische Impressionen mit Impulsen von Pierre Stutz, um immer wieder zur Quelle der eigenen Lebendigkeit zu finden.

Gelassen sein
160 Seiten, gebunden mit Leseband
ISBN 978-3-7831-3449-0

Aus der Hektik des Alltags in die Stille finden, und Ruhe einatmen. Spüren, wie der Druck weicht. Einfach gelassen sein: Pierre Stutz zeigt, wie aus meditativem Innehalten – am Morgen, abends, zwischendurch – innere Ruhe im Alltag wird.

HERDER